本书系“中国古代体育文物调查与数据库建设”项目成果（项目号：15ZDB146）

《中国古代体育文物·西南卷》编委会

毛丽娟 **主编**
林　春　李重申　张有 **著**

课题组成员：
兰州理工大学：林　春　李小惠　李重申　张　有　李　成
石松源　高玉洲　杨　浩　王　雪
上海交通大学：赵景磊　王　琨
甘肃省体育科学研究所：杨新平
四川省旅游学校：龙　江　林秋萍　随阳阳
兰州文理学院：刘天明
成都工业职业技术学院：李　莉
昌吉学院：樊　玲
兰州交通大学：乔　梁　李永刚　张　连
辽宁轻工业学院：郭克军
西安理工大学：司　璞
成都皮影艺术博物馆：赵　洪　谭　华
成都体育学院：郭　强
贵州大学：顾晓燕
四川文理学院：樊永强
四川文化产业职业学院：王　勇

中国古代体育文物

毛丽娟 主编　林春 李重申 张有 著

西南卷

读者出版传媒股份有限公司
甘肃教育出版社

图书在版编目（CIP）数据

中国古代体育文物. 西南卷 / 毛丽娟主编 ; 林春, 李重申, 张有著. -- 兰州 : 甘肃教育出版社, 2022.3
ISBN 978-7-5423-5287-3

Ⅰ. ①中… Ⅱ. ①毛… ②林… ③李… ④张… Ⅲ. ①古代体育—文物—西南地区 Ⅳ. ①K875.4

中国版本图书馆CIP数据核字(2021)第267534号

中国古代体育文物·西南卷
毛丽娟 主 编
林 春 李重申 张 有 著

项目策划 薛英昭 孙宝岩
项目负责 谢 璟
责任编辑 董宏强
封面设计 石 璞

出 版 甘肃教育出版社
社 址 兰州市读者大道568号 730030
网 址 www.gseph.cn E-mail gseph@duzhe.cn
电 话 0931-8436489(编辑部) 0931-8773056(发行部)
传 真 0931-8435009
淘宝官方旗舰店 http://shop111038270.taobao.com

发 行 甘肃教育出版社 印 刷 兰州人民印刷厂
开 本 890毫米×1240毫米 1/16 印 张 21.5 插 页 4 字 数 270千
版 次 2022年3月第1版
印 次 2022年3月第1次印刷
印 数 1~1 000
书 号 ISBN 978-7-5423-5287-3 定 价 220.00元

总 序

首席专家　毛丽娟

中国文化历来讲究器以载道，物以承文。体育文物，是人类创造的物质文化和精神文化的物化遗存，作为一定历史时期的社会产物，它也是人类社会历史的一种凝固形态的展现。除了其固有的审美和体育价值外，体育文物还蕴含着丰富多彩的历史、科技、文化等文明信息。以此出发，我们对体育文物的科学研究，除了要更好地保存其物化形态，更重要的是要把其放在相应的时代背景下考察、探寻体育文物赖以产生和存在的社会历史状态，解读它所承载的诸多文明信息。作为一种有着悠久历史的古老文化，中华民族传统体育文化具有民间性、民俗性、民族性和娱乐性，是中华民族传统文化的重要组成部分。

近几十年来，随着我国体育文物在考古中的发掘、发现，体育文物研究成果已为海内外同行所瞩目。究其原因，文物资料较之文献资料而言，既具实证性、可信度，又形象可感，是研究体育发展、体育文化和人类古代体育活动不可或缺的“新材料”，尤其是体育历史的研究更应好好利用体育文物。

体育文物研究的对象很广，从玉器、陶器、瓷器、青铜器、铁器、金银器、木器、骨角器、竹器，到岩画、壁画、砖画、石刻、简牍等，都在研究范围之列。这些文物按时代来分，可分为史前时期体育文物和历史时期体育文物；按存在形态来分，可分为不可移动文物和可移动文物。但基本包括了地下出土文物与地上文物两大类。出土文物有偶发性、不可再生性，数量相对固定，但随着考古学的发展和人们对文物资料的日益重视，散见于各地的体育文物的再发现和再增加，将为今后的体育历史研究提供更加广阔的空间。

在体育文物研究中，最大的问题是如何正确解释文物与体育的关系。尤其是在对古代体育的研究上，要正确地认识和恰当地解释体育文物的功用，必须要有丰富的文献资料相佐证。因而在体育文物研究中，文献资料与文物资料都是不可缺少的。

我国拥有大量的体育文物。这些体育文物见证了我国的悠久历史和灿烂文化，是我们进行体育历史文化研究的重要实物物证。它们在以自己的真实性和形象性帮助人们认识我国体育历史和文化的同时，对于我们提高民族自信心，增强民族自豪感，振奋民族精神也发挥着无可替代的作用。

为切实了解我国现存体育文物的状况并对其进行研究，2015 年 11 月 5 日，由上海体育学院承担的“中国古代体育文物调查与数据库建设”重大项目获得了国家社科规划办的立项（项目号：15ZDB146）。此后，上海体育学院联合全国 30 余所大专院校和文博机构的专家学者，分区对全国各地的古代体育文物进行了大规模、长时间、内容广泛的调研。在各地文博部门的大力支持和广大体育专家学者的辛勤努力下，此次体育文物调研工作取得了前所未有的成绩。为了对此次体育文物调研成果进行系统整理和科学总结，“中国古代体育文物调查与数据库建设”课题组编写了这套《中国古代体育文物》丛书。作为“中国古代体育文物调查与数据库建设”项目的成果之一，本套丛书分为西北卷、西南卷、华南卷、华东卷、华北卷、东北卷、华中卷、武艺卷和综合卷共九卷。丛书力图运用图像形式，对本次体育文物调研所获的大量实物资料进行科学的概括和整理，较为全面地记录中国已知的现存古代体育文物状况，反映中国古代体育文物的重大发现和研究成果。

编辑出版多卷本大型体育文物图集在我国尚属首次。作为一项极其复杂艰巨的工作，书中难免有错。不妥之处敬祈广大读者批评指正。

前言

本卷作者 林春 李重申 张有

西南地区在地理位置上一般是指云贵高原、四川盆地、西藏高原等中国广大地区。在政治、经济层面上，西南地区主要包括重庆直辖市、四川省、贵州省、云南省、西藏自治区。西南地区基本属于亚热带湿润季风气候，冬暖夏热，湿润多阴。地貌以山地、丘陵为主。河流纵横交错，有嘉陵江、乌江、长江、怒江、澜沧江、沅江等。其中贵州省是全国日照最少地区之一，雨量充沛，为典型的夏凉地区。而西藏自治区地处青藏高原，平均海拔在4000米以上，境内海拔在7000米以上的高峰有40多座，其中8000米以上的有5座。全区分为喜马拉雅山脉、昆仑山脉和唐古拉山脉所环抱。地势由西北向东南倾斜，地形地貌复杂多样，分为藏北高原、藏南谷地、藏东高山峡谷、喜马拉雅山地四个地带。西藏自治区气候特点是日照时间较长，辐射强烈，气温较低，温差较大。自古以来，充满神奇色彩的喜马拉雅山，奔腾不息的雅鲁藏布江，圣洁的纳木措、羊卓雍措、巴松措、玛旁雍措等湖泊，历史久远的布达拉宫、大昭寺、罗布林卡、扎什伦布寺等，无不引起人们虔诚的膜拜。

早期的西南地区属我国的少数民族聚居地区，原始社会，云南的“百夷”“蒲人”，贵州的苗族，巴渝地区的土家族以及吐蕃王朝的藏族都历史悠久，传统文化积淀深厚，他们创造了自己民族的文字、体育、舞蹈、节俗等文化，为中华文化的发展奠定了基础。

蜀字最早可见于商代的甲骨文。西汉的《蜀王本纪》，东晋的《华阳国志·蜀志》，贾洛非、段渝的《论黄帝与巴蜀》都有对古蜀国的记载。前316年，秦灭巴蜀，蜀王死于武阳城。据《华阳县志》记载：“周慎王五年（前316年）秋，秦大夫张仪、司马错、都尉墨等，从石牛道伐蜀。蜀王自于葭萌拒之，败绩。王遯走，至武阳，为秦军所害。”虽然蜀王败逃，但蜀地居民仍在这块土地上生息。这也意味着，从华夏直至清代，巴蜀区域的文化一直向中华文明统一的进程发展。而古蜀文化我们至少可以推延至4000年。尤其是“三星堆遗址”的发现，据考古证实，它应是古蜀国的一个中心都邑。数千年来古蜀国只存在史料记述之中，我们都找不到古蜀国的存在证据。而三星堆遗址发掘出大批古代文物，正好证明古蜀国的存在。因此，把三星堆文明的研究，放在中华文明起源的大背景下进行研究，可以更切实地了解古蜀文化的历史。

在史料记载中，古蜀国的部落领袖是蚕丛和鱼凫，他们是统一古蜀国的创立者。从这以后，古蜀国建立了辉煌的文明。商朝时期，古蜀国和商朝发生了许多战争，在殷墟和周原的卜辞中，示现了“蜀受年”“征蜀”“至蜀有事”的记载。武王伐纣的时期，《尚书》记载：“武王伐纣，实得巴蜀之师。”这说明当时蜀国军事力量非常强大。所以不管历史上蜀地经历过多少次战争，但它仍然充满生机。

西南地区的苗族、土族、白族、傣族、彝族、纳西族、佤族、景颇族、高山族、傈僳族等十分崇拜祖先、崇拜自然、尚巫术、多祭祀。尤其是他们在图腾崇拜和祭祀礼仪中，为了娱神、敬神，他们虔诚膜拜，取媚于神灵保佑，以获取丰衣足食，以及拥有健康的体魄。而藏族地区早在7000年至2万年前，就有了人类在这里繁衍生息。1979年，考古发现了昌都卡诺遗址，然后在聂拉木、定日、灵芝、墨脱等地区，也发现了不少古代文化遗址。公元前500年，西藏地区就出现了许多部落，到了汉武帝元朔三年（前126年）产生了西藏山南雅砻部落联盟首领，成为吐蕃王朝的第一代赞普，并开始信仰苯教，直至公元630年，即唐太宗贞观四年，松赞干布即位。633年，藏王松赞干布派遣大臣吐弥桑布扎及16名贵族子弟去印度学习梵语、梵文等，返藏后创造出自己的文字，并从印度、尼泊尔和唐朝请来了许多僧人帮助翻译经典《二十一是密经典》《十善经》等，又撰写了《藏文文法根本三十颂》等八部语法论著。另外，藏王松赞干布又娶文成公主和赤尊公主为妃，藏族地区拉萨和唐朝京都长安有了密切的联系。在此期间，藏王还修建了大昭寺和小昭寺以供佛像和进行佛事活动。随着印度佛教的传入，以及唐代的政治、经济、文化的渗透，松赞干布开辟了吐蕃的全新时期，此时不仅形成了具有藏族特色的藏传佛教，而且也逐步形成了娱神、敬神的祭祀仪式，包含修炼等含有身体活动的体育文化因素。

西南地区大批体育文物的出土，乃是体育界的一件大事，它属于西南地区体育历史的记录，不仅涉及游戏、娱乐、养生，而且还有竞技。这些记录有的是琐细而无关宏旨，有些却非常重要；有的可以弥补文献之不足，有的可以纠正文献之错误，或给文献中不明白之处作一较好的注释，也可以印证、考订文献的真实性。西南地区体育文物的研究范围很广，上古的岩画、石刻、墓葬砖画、陶俑、青铜器、壁画、绘画等都在研究范围中。这些文物分为地下出土文物与地上文物两大类。因此，如何正确解释体育文物与体育的关系，是我们需要加深研究的大问题。

凡例

一、本课题所研究的主要是属于视觉、物质和空间范围的材料。我们对体育文物图片的选定，主要以 20 世纪初以来西南地区考古发掘中有代表性的体育文物为主，其上限是新石器时代，下限至清代末。

二、本图录全部图版根据西南地区体育文物特点，按古代体育运动的项目内容分为 14 类，共计 50 余项身体运动形式，各类图版按年代先后顺序排列。

三、本图录共收入图版 613 幅，每幅图版附有文字说明，包括名称、文物质地、出土时间和地点，年代以及所代表的项目的简要说明等。

四、图版的文字注释，是在吸收了历史学界、考古学界、人类学界、体育史学界同类研究成果的基础上编著而成的。

五、为了便于研究者查阅，后附有图版目录和主要参考书目，仅供参考。

目录

第一章 古代体育文物的收录

西南地区早在原始社会就出现了体育萌芽，这种萌芽是与部落的生产乃至战争相伴随的，在各历史时期都会出现生产工具或是战争武器。最早出现的是弓和箭，以后又依次出现了石球、陶球、斧、矛、叉、匕首、投石器、剑、盾等，人们运用这些工具和武器进行狩猎和采集活动，与此也就练成了奔跑、跳跃、攀登、投掷、游泳、舞蹈、格斗等技艺，这在云南、贵州、四川、西藏等地分布的古老岩画中可以得到佐证。

本卷收录的文物的时代上限为原始社会，下限为19世纪末，包括夏、商、周、春秋、战国、秦、汉、魏晋、隋、唐、五代、宋、元、明、清时期。

本卷收录体育文物图像一千余幅，基本上都是彩色图片，还有拓片、白描、临摹等。

本卷按体育文物分类：

（一）时代分类法是指以体育文物制作的时代为标准，对文物进行分类的方法。西南地区的体育文物可分为史前体育文物、商代体育文物、秦代体育文物、汉代体育文物、魏晋体育文物、隋唐体育文物、宋代体育文物、元代体育文物、明代体育文物、清代体育文物。

（二）区域分类法是以体育文物的所在地点为标准对体育文物进行分类的方法。一般是以国家权力机关批准的行政区域范围作标准进行体育文物分类。西南地区可以分为云南体育文物、贵州体育文物、四川体育文物、重庆体育文物、西藏自治区体育文物。

表1 依据时代分类法对体育文物分类

体育文物	近代体育文物	近代体育文物（1840—1919）
	古代体育文物	商代至清代体育文物
	史前时期体育文物	新石器时代体育文物

（三）质地分类法是以体育文物载体的质地（材料）为标准对体育文物进行分类的方法。当我们遇到同一器物有两种以上的材料制成的体育文物，用直观的方法可确定其主要材料时，可依约定俗成的方法进行分类。如商代所见铁刃铜钺，因主体是铜质，所以可归入铜器类。随着现代科学技术引入文物的检测，对古器物进行物理鉴定或化学成分分析，对于体育文物质地的判定将更加准确。所以，我们对西南地区的体育文物也按质地进行了分类，大部分收集了岩画、石器、陶器、青铜器、铁器、砖画、陶俑、木俑、石刻、书画等类型。

图 1–1 陶捶丸（直径 2.9 厘米，1975 年四川省邛崃市邛窑遗址出土，宋，现藏四川博物院）

第二章 主要收集来源和收藏地点

本卷收集的体育文物主要有两类，一类是考古遗址、汉代墓葬、考古发掘出土的体育文物，另一类是传世体育文物，即自古以来在社会上流传下来的体育文物。

本卷收集的体育文物基本上全是西南地区各博物馆、考古研究所、文化馆以及民间等珍藏的体育文物。如云南省博物馆、云南考古研究所、贵州省博物馆、成都博物馆、四川博物院、三星堆遗址、金沙遗址、四川省考古研究所、重庆市博物馆、大足石刻遗址、西藏博物馆、布达拉宫、大昭寺等。

图 2-1 云南省博物馆（旧馆）

图 2-2 云南省博物馆（新馆）

图 2-3 贵州省博物馆

图 2-4　四川博物院

图 2-5　成都博物馆

图 2-6　三星堆博物馆

图 2-7　重庆中国三峡博物馆

图 2-8　西藏博物馆

图 2-9　西藏拉萨市布达拉宫

图 2-10　西藏拉萨市大昭寺

图 2-11 云南省临沧市沧源县岩画

图 2-12 贵州省黔南布依族苗族自治州龙里县巫山峡谷岩画

图 2-13　四川省宜宾市珙县洛表镇麻塘坝村岩画

图 2-14　西藏土日县乌江乡行政所在地以北 40 千米处那布龙岩画点

第三章 各历史时期的体育文物特色

西南地区的云南、贵州、四川、重庆、西藏早在秦汉时期就开展了多种体育活动，直到明清体育运动项目达到数百种。其主要内容有陀螺、石球、击壤、竹马、斗草、风筝、跳索、竞渡、投壶、举重、筋斗、杆技、奔跑、跳远、投掷、马术、赛马、舞狮、舞龙、射术、武术、垂钓、蹴鞠、摔跤、弈棋、踢毽子、舞蹈、秋千、捉迷藏、空竹等等。作为具有悠久传承历史的体育是我国非物质文化遗产的重要组成部分，对遗存的体育文物进行研究，其社会价值非常突出。

从新石器时期起至今，我们至少有 8000 年的文明史。在西南地区，在长江流域，到处都萌发着创造着原始文化。由于长时期历史的发展、部落的战争、氏族的迁徙、交流等活动，使得各自分散的原始文化相互影响、相互吸引、相互融合，最后形成了统一的中华民族文化。探讨西南地区体育文化的多样性，利用大量的已发现的岩画遗迹、青铜器汉画像石（砖）等和其他实物来打开我们的思路，使我们能从实际出发来认识西南地区的文化，推动学术向前发展。

图 3–1　红陶球（左长径 6 厘米，中直径 4.4 厘米，右直径 5.4 厘米，重庆巫山县大溪遗址出土，大溪文化，现藏四川博物院）

图 3-2 石球（直径 3.5 厘米，1987 年四川省成都市政协工地商代遗址出土，商，现藏四川博物院）

图 3-3 穿孔石球（最大直径 8.5 厘米，西藏昌都市卡诺区遗址出土，距今 5000—4000 年）

图 3–4　石球（直径 3.9 厘米，1987 年四川省成都市政协工地商代遗址出土，现藏四川博物院）

明清时期，滇、黔、巴蜀地区有关导引论著的出现，标志着我国西南地区传统的导引术历经数千年的发展后日趋成熟和完善，它为西南人民的强身健体起到了积极作用。

明清时，养生方面最突出的贡献是创编了《太极拳》，它吸取了内、外家拳术的精华，钢柔相济，动静结合，“一动一静，互为其根”，所以称之为太极拳。太极拳练习的目的是使人延年益寿。

可以说，在今天，研究西南地区的体育历史乃至中国体育史而不去或不懂得去运用地下发掘和地面遗迹的资料，那么，他的研究很可能是片面的或陈旧的。研究体育历史，而不注意地下发掘出的文物所传达的信息，不及时掌握出处文物的珍贵资料，这是不利于研究的。

体育文物是西南地区体育发展兴盛的实物记录。体育的发生、发展有着久远的“史前状态”，由先秦两汉而魏晋而隋唐，直至宋元明清，体育都是以“萌芽”状态，或游戏、娱乐、休闲、竞技形态存在。此时其文物遗存，严格地说还不能看作“体育文物”，它的主要表现形式散见于唐汉的百戏、博弈、舞蹈、杂技等，以及画像砖、画像石、壁画、陶俑等。

西南地区体育文物的大量涌现，是体育通过在当时社会，尤其是在民间的文化生活中占据了越来越重要的地位的结果。这些体育文物保存到今天，就成为古代体育形态及其发展情况的实物记录，也成为当时民间风俗的物化反映。我们通过对体育文物的研究，努力揭开西南地区体育文物的奥秘，帮助人们认识其本身面目以及历史文化价值。

第四章 岩画、青铜器、汉画像石（砖）的分布

原始岩画最早产生的时候，是为了描述虚幻状态里的源于生活中的所见所闻的变异图像，但人在精神上把它作为一种神秘化的现象来对待，并认为它与人的生存和生活有着密切的联系。神秘化的趋向使人们把它刻凿在其可以显示神秘性的地方，成为可以崇拜和信仰的图像。这些图像还有助于人类进行各种思维活动。

岩画基本上使用自然中的岩石材料和色彩，来凿刻绘制体育萌芽状态的画面。这种图像的自然属性，充分说明人的自然属性突出，人的真正的文化属性还很弱。这时西南地区的先民们已进入了初级文明阶段。西南地区古代体育岩画、青铜器、汉画像石（砖）的主要分布在云南、贵州、四川、重庆、西藏。

表 2　西南地区原始岩画分布

省（区）	岩画分布点	岩画内容
云南省	沧源佤族自治县曼帕，沧源佤族自治县丁来 1 号，沧源县泽德海 1 号，丘北县狮子山，沧源县勐省镇，元江县安定，沧源佤族自治县曼坎 1 号	狩猎、武士、跳跃、百戏、划船、乐舞、象戏、套索、踩高跷
贵州省	龙里县巫山大脚岩、燕子岩，长顺县龙家院红洞、白岩洞、白崖洞，贞丰县大江岩，息峰县温泉镇三妹、紫云、清镇、黄家洞、新塘	狩猎、跑、跳、投、武术
四川省	宜宾市珙县洛表镇麻塘坝村	狩猎、骑士、球戏、乐舞
西藏自治区	西藏加林山、日姆栋、鲁日郎卡、阿垄沟、芦布湖、康巴热久、那布龙、盐湖、其多山、左用湖、夏仓、扎西岛、拉鲁卡等处岩画	狩猎、武士、格斗、佩剑、舞蹈

表 3　西南地区青铜器分布点和时间

省　份	分布地点	时　间
云南省	滇池地区、洱海地区、滇西北地区、红河流域地区等 70 多个市县共计 200 多个地点，出土青铜器数万件	上限公元前 12 世纪，公元前 6 世纪至公元前 4 世纪，下限至东汉
四川省	四川三星堆	上限夏商时期，下限至魏晋

表 4　西南地区汉代画像石（砖）分布点

省　份	汉代画像石（砖）分布点
四川省	北起昭化、广元，南抵宜宾，东到巫山，西至西昌、昭觉，以成都平原为中心，包含乐山、雅安、庐山、宜宾、渠州、绵阳等
云南省	仅在滇西有少量发现

表 5　西南地区体育文化分布项目

文化区	体育文化项目	文化特点
巴蜀体育文化区	角抵、手搏、举重、斗兽、武术、武器、狩猎、习射、球类、奔跑、马术、御車、划船、垂钓、游泳、倒立、掷剑、弄丸、冲狭、顶竿、六博、藏钩、象棋、舞蹈、习武、踏歌、百戏、登高、陀螺、养生术	尚武普遍，娱乐性、休闲性、竞技性，体育开展广泛
滇东黔体育文化区	斗兽、武斗、射猎、射弩、套索、球类、奔跑、马术、御車、竞渡、顶竿、踩高跷、叠罗汉、投壶、盾牌舞、傩舞、磨秋、游戏	渔猎占主要位置，武术开展广泛，娱乐性体育开展普遍
川西滇西文化区	狩猎、斗兽、武士、傩舞、马术、兵器、武术、棋弈、武器、养生术	武术开展普遍，人们喜爱娱乐体育，有尚武习俗
西藏自治区文化区	狩猎、武士、石球、格斗、顶竿、倒立、游泳、抱石、骑射、马球、马术、舞蹈、舞狮、摔跤、武术、棋弈、武器	马术广泛开展，摔跤、马球、抱石、游泳等竞技体育开展较为普遍

第五章 岩画、青铜器、汉画像石（砖）的概述

夏商周时期的西南地区随着频繁的部族战争加之社会的变迁，出现了奴隶主贵族专政的阶级社会。这一时期，礼仪制度逐步完善，人们通过礼仪使自己的情欲得到升华。同时，当时社会极其盛行祭祀活动，殷商时期，体制繁杂的祭祖礼，西周也大体上承袭了殷商祭祖礼的总体框架，形成了西周的祭祖礼制，最终完成了祖先崇拜从上古的原始观念向文明礼制发展。祭祖文化俨然成为国人世代传承的一种生活方式，一种根深蒂固的风俗习惯和意识信仰。同时在殷商时期，妇女地位很高，女性参政是个普遍的现象，连巫师大都由女性承担。而且商王的王后还亲自披甲率军出征（这里指妇好、妇井），同时，当时的女性还可有属于自己的封地和财富。但到了周王朝，妇女地位急速下跌，据《礼记·郊特牲》记载：“妇人，从人者也。”在周朝已出现了男尊女卑的局面，因为妇女是男人的从属品。总之，殷商与周朝文化之间的差异是十分大的，这使华夏文明发展开始有了新的转变。夏商周时，在祭祀活动中，为了表示对神的虔诚，祈求神祇的庇护，试图以神来影响社会的各种现象，并保护人类。另外，在这些祭祀活动中，人们不仅表达着敬神和娱神的意愿，而且多以身体活动表现出来。正如《诗经·大序》记载：“情动于中，而形于言，言之不足，故嗟叹之；嗟叹之不足。故咏歌之；咏歌之不足，不知手之舞之，足之蹈之也。”说明当时人们在敬神时已流露出娱乐的情感。随着西南地区社会经济的发展，文化也随之兴盛，为了更好地演绎人与神的交流和沟通，相继在各民族中产生了文舞、武舞、乐舞、巫舞等舞蹈形式。所谓“坎坎鼓我，蹲蹲舞我”，就是在祭祀仪式中所表现的翩翩起舞的写照。

西周时期，西南地区社会上提倡“六艺”教育，即“礼、乐、射、御、书、数”。六艺中有三艺是体育的范畴。一是乐，指乐舞，有“小舞”和“大舞”之分。“小舞”有六种，包括帗舞、羽舞、皇舞、旄舞、干舞、人舞。前三种是文舞，后三种是武舞。武舞必须持盾与斧而舞。“大舞”也有六种，包括云门大卷、大咸、大磬、大夏、大濩、大武。“小舞”和“大舞”都是六艺体育中的“乐”的学习内容，必须掌握。二是“射”，指射箭。有五种基本技术，称为“五射”，即白矢、参连、剡注、襄尺、井仪。这五种基本技术含射箭的全过程，包括持弓、开弓、瞄准、发矢。“射”是六艺教育中非常重要的内容，要下很大的功夫才能掌握其技术。三是“御”，御术有五种，名为“五御”，即鸣和鸾、逐水曲、过君表、舞交衢、逐禽左。以上五种是基本驾车驭马的技术，以适应车战的需要。以上“三艺”既是教育又是武艺的发展，对当时学生的学习起到了增强体能、体质，提高战备意识有着重要的意义。

在这期间，西南地区各少数民族如白族、彝族、苗族、傣族、藏族等在各种祭祀活动中相继出现了许多近似体育的娱乐活动，如秋千、舞蹈、弄丸、弄剑、上刀梯、竞渡、风筝、武艺、遛马、跳高、摔跤、滑草、弈棋、举鼎、养生等。他们在娱神、悦神的活动中，收获了良好的健身效果，这种以人的自身为客体的特殊活动形式，实质上也是体育诞生的摇篮。

秦汉时期，西南地区已处于封建社会的上升阶段。秦国统一了中国，结束了春秋战国以来长期分裂混战的局面，加速了西南各地区不同文化传统和风俗习惯的相融过程。同时，秦统治者采取了许多巩固统一的措施，即废分封制，设郡县；统一度量衡、货币、法律、文字、服饰、历法等，驰道通达全国，水道交通直达岭南，这些措施对封建经济文化的发展有着重要的促进作用。但当时秦朝统治者，为了防止六国贵族的东山再起和人民大众的集结反抗，采用了强制的命令，甚至是暴力手段，对春秋战国以来民间习武的社会风尚予以禁锢。又以国家法令的形式，强行罢除了民间传统的“讲武之礼”，严禁聚众结社，练武习艺。

西汉初，吸取秦的教训，经过“文景之治”，使经济得到恢复和发展，同时由于战胜匈奴，凿通了陆上丝绸之路，开创了西南地区历史上的中西文化交流的高潮。汉武帝时，西南地区社会政治经济稳定，国力空前强盛，文化昌盛发达，迎来了我国古代体育又一次发展机遇。当时不仅帝王贵族和民众经常进行戈猎、马球、蹴鞠、射驭、巴渝舞（武舞）、角抵、百戏、走索、戏车、寻橦、六博、樗蒲、弹棋、围棋等体育活动，而且还经常举行规模盛大的各类体育表演。当时在军内还把蹴鞠、马球、射术作为训练士兵的主要内容。

两汉时期，西南地区还十分盛行佩剑和击剑，上自帝王将相下至文人墨客无不佩剑，就连民间都认为配剑是君子必备的一种时尚。尤其是击剑之风极其盛行，产生了许多精通剑术的剑客，并形成了风格各异的流派，出现了激烈比赛的竞技场面，剑术已上升到剑道，并逐渐向体育发展，考古出土的四川画像砖和文献中均有相关资料记载。

魏晋南北朝时期，出现了长达400年的大分裂时期，由于中原战乱，引发了规模庞大的人口迁移和移居，集中地通向了江南，结果使得这片此前尚未开发的广袤区域得到了迅速开发，对此后西南地区历史的发展产生了极为深远的影响。然而，这个时期却孕育出六朝文化，其中的代表是至今仍十分壮观的大足石刻等。这是一个绝非分裂战乱可概括的时代，而是一个风流竞逐、异彩纷呈的时代。

魏晋南北朝时期，西南地区的游戏、娱乐、竞技等体育受到了强大的冲击并发生了明显的转变，使得两汉以来形成的体育风尚出现了萧条衰落。但由于战争的频繁，直接服务于军事征战的民间习武活动在西南地区却极为盛行。当时为了战争的需要，统治者把民间强壮的男子组织起来，教以骑马、射箭、游泳、骑射、阵战、剑术、武术，以便随时征调参战，促进了以军事为前提的体育运动发展，尤其是手博、格斗、武术等。在这种社会风气下，一些妇女也进行骑射，她们身着戎装，佩弓带剑驰马弯弓于郊外。此外，在少数民族中，也广泛垂尚礼仪制度和体育风尚。

魏晋南北朝时期，由于社会动荡不安，西南地区的许多文人学士更是常常以围棋、投壶来消解忧愁，而当时对围棋的认识也发生了很大的变化，就是确立了围棋作为“戏”的独立存在的价值，并将它纳入“艺”的范畴。由于弈棋之风盛行于朝野，南朝时，不仅出现了评定棋艺水平高低的“棋品制”，而且还经常举行全国性的围棋比赛，尤其是历代帝王，他们悉心研究围棋，校定棋谱，如梁武帝就撰有《围棋赋》《棋法》《棋评》《围棋品》等专著。当时，围棋这种娱乐游戏意识，凸显了人的生命意识和自由意识的觉醒。所谓魏晋风度，正是这一意识的体现。而围棋，被称为“手谈”“坐稳”“忘忧”“烂柯”，在某种程度上，也就成了魏晋士人精神存在的一种方式，另一方面也显示了其对围棋的痴迷和专一，并把棋弈当作雅戏，当作赏心悦心的乐事。

投壶是由古代射礼演变而来的一种宴集游戏。投壶自先秦时开始在西南地区的上流社会流行，到了魏晋南北朝时期，投壶成为与弈棋之风并行不悖且得到广泛开展的一项游戏娱乐活动。正如《投壶赋》所述：“悦与坐之耳目，乐众心而不倦。”这一时期，投壶出现了许多新奇的玩法，晋人虞谭在《投壶变》里提到“带剑”“倚竿”“狼壶”“剑骄”等。《颜氏家训》还提到“豹尾”“龙首”“莲花骁”等。投壶仪节繁复，还一定要有鼙、鼓、磬进行伴奏，投壶者根据节奏的缓慢掷击手中之箭。魏晋时期，尤其是在巴蜀地区，人们十分酷爱投壶游戏，并形成了一种社会风尚。

魏晋时期西南地区养生得到了进一步的发展，它是一种人类自我控制、自我调节和自我改造的生存方式，两晋之间的葛洪和齐梁之间的陶弘景，是当时养生领域最有影响的人物，他们致力于导引行气术的研究和整理，使两晋南北朝成为西南地区古代导引行气术发展的重要时期，此外，玄学和佛学的兴盛也助长了导引养生的发展。

隋唐时期，自开皇元年（581 年），隋文帝取代北周建国开始，到大业十四年（618 年），隋炀帝被部下刺杀，隋朝实际上是一个仅仅延续两代共计 38 年的王朝，然而这一时期之内，公元 589 年，隋朝终于结束了自魏晋以来长达 400 余年的分裂局面，开创了一个新的统一的国家，隋朝通过开凿连接南北的大运河等多方面的事业，不仅奠定了其后唐朝 300 年的基业，也给后世带来了不可估量的影响。

隋朝的宫廷和民间都十分盛行百戏，当时各类表演项目达 240 余种。每年正月在四川成都都要举行大规模的百戏演出，如薛道衡的诗，记述了隋朝西南地区百戏表演的实况。从诗中我们可以看到当年车马不绝、歌舞升平的场景，“佳丽俨成行，相携入戏场”，生动地描述了隋代百戏繁荣兴旺的社会环境和物质基础。隋时，还盛行角抵、拔河、乐舞、秋千、踏球、抛球、登高、游水、竞渡、养生等。而且当时妇女以及西南少数民族，如白族、纳西族、傈僳族、景颇族、彝族、苗族、藏族也都开展了许多游戏、娱乐、竞技类体育项目。

唐时期是在西南地区体育史学上一个引人注目的时代。唐朝在经贞观之治和开元之治之后，政治稳定，社会经济繁荣，唐文化的兴旺，唐人的胡风，正说明唐人勇于开放；唐人有胡风，才显示了唐文化博大瑰丽的历史风貌。唐文化的发展还对西南地区文化乃世界文化的发展产生了一定的影响，同时对社会游戏、娱乐、休闲、竞技、养生等体育活动的发展产生了重要作用。

唐时期，西南地区各族人民十分喜爱体育活动，射箭、相扑、摔跤、翘关、扛铁、举石狮、寻橦、走索、剑舞、武术、秋千、垂钓、风筝、登高、舞蹈、蹴鞠、马球、步打球、十五柱球、博弈、导引等非常盛行，人们在各种活动中身心得到愉悦，也增强了体质。唐时期，西藏的百戏得到了广泛开展，百戏的最早记载可见于《莲花生传》：“当举行开光之时，力士们比赛臂力。”《贤者喜宴》记载，在桑耶寺开光时有杂技、百戏表演，可见，西藏在吐蕃时期，杂技、百戏已是人们大受欢迎的表演项目。

《桑耶寺志》载，当时西藏地区盛行爬竿、高空倒立、高空展翅、俯卧钢刀等。在桑耶寺的壁画中，还描绘了一个名叫“俄帕拉”的人在奔驰中转换骑乘七匹骆驼，此人还能在奔驰的马上，将几把飞刀一起掷向对面的刀门上；其他还有跳高、撑竿跳高等。另外，在布达拉宫、大昭寺等也有表现抱石、游泳、摔跤、乐舞、赛马、武艺等的壁画内容。这些壁画上所反映的西藏古代的民俗、民风，使人们看到了丰富多彩的百戏盛况，为我们提供了文字描述难尽其态的珍贵资料。

另外，唐朝由于女子地位的不断提高，许多妇女也纷纷参与各类体育活动，如秋千、投壶、射术、马球、驴鞠、蹴鞠、围棋、双陆等，使社会体育呈现出一片繁荣。公元960年初，五代后周禁军统领赵匡胤在陈桥发动兵变，推翻后周政权，结束了五代的封建割据局面，自立为帝，改国号为宋。宋王朝在恢复经济方面进行了许多新政策，使西南地区的经济、文化得到了空前发展。西南地区广大民众笃好蹴鞠、马球、捶丸、摔跤、武术、举重、百戏等，统治阶级、上流社会以及民间庶民的爱好习尚，都促成了上层社会和民间体育的活跃。

宋代，西南地区在城市布局上打破了汉唐以来的里坊制度，出现灯火辉煌的夜市及草市。沿街新建了“邸店”“酒楼”“瓦舍”“勾栏”。瓦子又称瓦舍、瓦肆、瓦市，是演艺场所。宋时，人们除了吃饱穿暖的基本生存需求外，还追求精神欢愉，于是，为了满足市民阶层的这种渴求，一种新的娱乐方式，或者是一种新的娱乐消遣场所应运而出，这就是“瓦子勾栏”。

北宋京城汴梁的瓦舍大棚比比皆是，东角楼街巷的三个瓦舍，就包括50余座大小勾栏，其中每座象棚可容纳千余人；南宋临安的瓦舍也有20余处，北瓦最大，有勾栏13处。瓦舍里游人不断，终日热闹非凡。随着宋代市井文化的兴起，西南地区的瓦舍勾栏作为民众日常休闲娱乐的场所，十分广泛地渗透在他们的生活之中，成为经济消费和娱乐享受的主要场所。瓦舍与勾栏已成为宋代都市民众娱乐业发展的鲜明标志，其融歌厅、舞厅、剧场、酒馆、茶馆、商场竞技表演场为一体，在瓦舍里，人们既能欣赏勾栏内丰富多彩的娱乐表演，同时还可以品茶，可以说是吃喝玩乐，应有尽有，于是人们“终日居此，不觉抵暮”。瓦舍勾栏内竞技演艺活动名目繁多，主要表演内容有说唱、歌舞、杂剧、傀儡戏、百戏、相扑、举重、蹴鞠、驯兽、杂技、弈棋、武艺等。这些表演深受民众喜爱，人们从中得到了视觉、听觉等多重享受，满足了精神欢愉的强烈渴求。

宋代，在武学制度的推动下，军事理论、军事训练和典籍整理之风十分盛行，西南地区对步射、骑射、马上使枪、格斗技术等，皆有口诀图像。另外，民间的武艺开展也十分广泛，因“武艺”一词在历史上既是一种在军事上的徒手及器械上具有攻防含义的身体运动，又具有增进体质健康和愉悦身心的竞技活动。所以，宋代的军队训练以及民间习武成风，为武术的发展奠定了坚实的基础。

宋代西南地区还十分流行蹴鞠，不论是宫廷还是民间都非常盛行，尤其是重庆和四川地区的民众极其喜爱蹴鞠运动。2007 年 7 月，合川区涞滩镇渠江边一处摩崖石刻造像足以证实四川地区广泛开展蹴鞠的情况，连寺院的和尚也以此为乐。当时还出现了最早的球会和一些专门的蹴鞠社团组织，且有严格的社团规则。

宋代的女子蹴鞠也很兴盛。据宋人马端临的《文献通考》记载：“女弟子队一百五十三人，衣四色，绣罗宽衫，系锦带，踢绣球，球不离足，足不离球，华庭观赏，万人瞻仰。”宋徽宗曾在观看宫女蹴鞠后的诗中印证了清明时节女子蹴鞠的习俗。宋代相继出现了女子参加蹴鞠运动及参与蹴鞠社团活动的情况，当时还有专门表演蹴鞠技艺的“女校尉”，宋人诗人词家、画家均有对女子蹴鞠的描述。另外，《宋史·礼志》《东京梦华录》《蹴鞠谱》《武林旧事》《挥麈后录》《中山诗话》《事林广记·戊集》等都有对蹴鞠的记述。

捶丸盛行于宋、金、元，上至皇帝大臣，下至民众，皆乐此不疲。步打球，又称“步打”“捶丸”，是一种徒步以杖击球的运动，类似今天的曲棍球。

宋代西南地区多江河，所以十分盛行水嬉。宋代又因之设立水军，他们水性极好，能游行水底数里。南宋之后，游泳在民间已广泛开展，儿童和成人都参与其中，并逐渐发展成“水上秋千”“弄潮”“迎潮”“水傀儡”“水百戏”等。

马球，又称“击鞠”。《宋史·礼志》载：“打球本军中戏。”宋太祖赵匡胤为了促使军队马球运动的广泛开展，特下令制定了一系列的规章制度和训练标准，并把军队马球之戏升格为朝廷的军礼，从而大大提高了军队马球运动的社会地位和政治影响。皇帝太宗、徽宗、孝宗，以及贵族都十分喜爱打马球。在他们的倡导下，西南地区也十分盛行马球比赛。

武术产生较早，但真正作为一项全国性的社会广泛普及的运动是到了宋朝，具有搏击、健身、表演特色的武术，也是到了宋代才成熟。当时西南地区勾栏中就有弄枪、舞剑、舞砍刀、舞蛮牌、使拳、使棒等表演，而且社会上还设有使棒艺人的专业组织。

在古代就有诸如“愈高超远，轻足善走”“投石超距”等文献记载。《宋史·岳飞传》记载，岳飞非常注重军队的跑跳能力训练，“每休舍，课将士注坡跳壕，皆负重习之”。“注坡”就是沿上下坡跑，“跳壕”即跳远。《宋史·兵志》上有规定，招募新兵时要“先度人格次阅走跃”。跑和跳都是招募新兵的必要条件，《水浒全传》中载没羽箭张青，“善会飞石打人，百发百中”。投石也是当时作战的一项重要技能。所以，在宋代西南地区特别重视军队士兵的跑、跳训练。

宋代还开展举重练习和表演。除了武举考试外，举重主要是在民间开展的健身活动。宋代的举重器械已由木制、铁制改为石制，举石球、掇石墩、举石狮、举石索、举石担都是石质的举重器具。宋代由单纯的提举演变为各种花式表演的举法，很有观赏价值，在西南地区民间颇为普遍。

宋朝建立后，把相扑纳入朝廷宴乐和军礼之中，因此相扑在宋时得到了很大发展。当时不仅在勾栏中可以看到相扑表演，而且每年还举行多次地区性的竞技比赛，并制定了较为正规的竞赛规则，称为“社条”，执行规则的裁判叫“部署”。

宋代的射箭活动，在军内和民间十分普及。射箭也是军事作战的重要技能，为历代军事家所重视。西南地区各民族在狩猎、射礼等活动中形成了一种特有的弓箭文化。这些古代的文化形态已凝固在云南、贵州、四川、西藏的岩画、青铜器、汉画像石（砖），以及其他器物、载体上，其中有狩猎、田猎场景，军事训练中的射箭比赛，战争中的弓箭射杀场面，习武中的各种射箭的姿态和功法等。

博弈在中国有着悠久的历史，到了北宋时期，象棋已基本定型，并进行了全面的革新。北宋皇帝徽宗精通琴棋书画，他不仅大力提倡下象棋，并创造了用汉字代替了图案化的棋子。从北宋出土的象棋看，当时棋为纵十路，横九路。有河界，棋子 32 只，“将”在“九宫”之中，跟现代象棋几乎一模一样。围棋到了宋代有了飞跃性的发展，尤其是宋仁宗皇佑年间，有张拟撰著的《棋经十三篇》问世，它论述深刻，特别是涉及围棋战略战术的篇章充满了辩证法的观点，都是绝妙千古的真知灼见，是一本极有价值的论著。当时在西南地区的巴蜀一带极其盛行围棋，尤其是后蜀，君臣非常痴迷围棋，花蕊夫人的《宫词》中有对围棋的记述。

在养生方面，西南地区十分盛行“八段锦”，在当时非常风行，还有图谱。内丹术是西南地区又一种气功养生的方法，调身、调心、调息三者有机结合，逐步达到气功的入静状态，并在意识的指导下进行机体内部功能的自我调整和锻炼，从而改变自身的身体状态，达到强身的目的。

所以，当时的西南地区和中原地区一样也十分盛行蹴鞠、马球、水嬉、相扑、摔跤、武术、射术、博弈，以及奔走、跳跃、投掷、举重、养生等体育活动，呈现出古代西南地区的体育文化特质和精神风貌。同时，西南地区的体育无论是在时间上，还是在空间中已被全民所接受，因而具有广泛的渗透性、普遍性，形成了体育文化的浓烈气氛，并和其他文化形态有着千丝万缕的联系。可以说，西南地区的古代体育遗物和遗址，不仅具有较高的文化价值，而且也为后人进一步全面了解西南地区的古代体育文化提供了形象的新认识。

辽、金、元西南地区的少数民族，他们“居住无常”，有“以车马为家”“渔猎以食”的生活习惯，不仅造就了他们彪悍健壮的体魄，而且也培养了他们勇武善战的性格，善于骑射则是他们谋生的手段，也是他们军事训练和娱乐活动内容。各少数民族崇尚骑马射箭，于是逐渐成为他们的传统体育习俗。辽、金、元各民族还十分擅长摔跤、长跑等。

辽、金、元时期，西南地区人们一个又一个的岁时节庆，是生产、祭祀、社交、游戏、娱乐、竞技、养生等体育集中展示的舞台，也是民众精神聚焦和民众愿望的表达，不仅在当时为人们诠释出了一定的精神寄托和生活向往，并且在西南地区体育文化发展史上，也是一笔丰富的资料。透视辽、金、元时期西南地区所遗存的体育文物，有助于我们从多元视角去认识我们民族的体育文化，启发我们去思考古代体育的社会意义和价值，唤起我们对民族传统体育的追怀热情。

明清两代西南地区都十分重视骑射，不仅在军内将士间必须习之，而且在儒生文臣中广泛开展。这种风尚一直影响到民间。当时百姓中善于骑射的高手比比皆是。另外，诸如走索、耍狮子、耍龙、耍坛子、摔跤、跳索、跳图、窜头、窜剑、弹弓、射箭、筋斗及举石锁、举石担等举不胜举。明清时期西南地区相继开展了陀螺、舞狮、舞龙、击壤、蹴鞠、举重、武术之类的体育活动，反映了民间体育的多样化趋势。

清代巴蜀地区和滇黔地区的武术活动和军事攻防技术起到了互辅的作用，尤其火药的发明并广泛应用于军事战争，更使明朝以前的拳术、枪术、刀术、剑术、棍术等普遍应用于娱乐健身，逐步形成了武术运动。清军军队中习武活动也十分活跃，“长矛、藤牌、扁刀、短刀之属，各因其地之宜，以教士卒，咸有成法”，足见清代对军队士卒习武的高度重视。

明清时期，滇黔、巴蜀地区和西藏博弈非常盛行，是中国围棋和象棋发展的最高峰，国手辈出，棋艺理论著作亦蔚为大观，士人弈棋之风极其盛行，且出现了不少棋论棋谱及与棋有关的诗文，并形成了一种尊重艺术独立人格为基础的博弈价值观。

明清的象棋活动也在巴蜀地区广泛流行。由于经济文化的发展，象棋进入了一个新发展的阶段。此时涌现出众多象棋高手，象棋的棋艺著作也得到了繁荣发展，出现了许多棋谱，取得了明清人对象棋深入探索研究的成果。这对象棋的发展和棋艺水平的提高起了非常重要的推动作用。

博弈文化在西南地区十分盛行。这从已出土的体育文物中可以得到实证。

儿童游戏和体育自新石器时代已有发现，从四川出土的陀螺就是佐证。儿童游戏和体育在古代称为“戏弄”“婴戏”“小儿戏”等。游戏伴随人从小到大。在游戏中不断成长，它给人们带来了欢愉和乐趣。中国古代历史就十分注重儿童游戏的发展，尤其到了明清时期，创编出了300余种有益儿童身心发育和健康成长的游戏和体育，以此来提高儿童的认知能力和思维能力。游戏按照规则进行，培养儿童欢愉、自由、满足、合作、坚强、勇敢等精神，不断提升人们所需要的生存能力。

图5-1　狩猎图（局部）（彩绘岩画，云南省临沧市沧源县勐省）

图 5-2　狩猎图（彩绘岩画，云南省临沧市沧源县）

图 5-3 狩猎图（猎牛）(彩绘岩画，云南省临沧市沧源县洋德海Ⅰ号岩画点)

图 5-4 狩猎图（彩绘岩画，云南省临沧市沧源县）

图 5-5　射猎图（云南省沧源第六地点 6 区岩画）

图 5-6　射猎图（云南省沧源第一地点 5 区岩画）

图 5-7　射鸟图（贵州省长顺傅家院白崖洞岩画）

图 5-8　狩猎图（彩绘岩画，云南省临沧市沧源县洋德海Ⅰ号岩画点）

图 5-9　狩猎图（云南省墨江县新抚镇岩画）

图 5-10 狩猎图（彩绘岩画，云南省勐梭镇班母路 3 千米处木依吉神谷）

图 5-11 狩猎图（围猎）（彩绘岩画，云南省勐梭镇班母路 3 千米处木依吉神谷）

图 5-12 狩猎图（围猎）（彩绘岩画，云南省勐梭镇班母路 3 千米处木依吉神谷）

图 5-13 狩猎图（围猎）（彩绘岩画，云南省勐梭镇班母路 3 千米处木依吉神谷）

图 5-14　狩猎图（局部）（彩绘岩画，云南省玉溪市元江县它克村）

图 5-15　狩猎图（围猎）（彩绘岩画，贵州清镇黄家洞）

图 5-16 狩猎图（局部）（彩绘岩画，贵州省龙里县巫山大岩脚）

图 5-17 狩猎图（局部）（彩绘岩画，贵州省长顺龙家院白崖洞）

图 5-18 狩猎图（射箭围猎局部）（彩绘岩画，贵州省长顺龙家院红洞）

图 5-19 狩猎图（围猎局部）（彩绘岩画，贵州省长顺龙家院红洞）

图 5-20 狩猎图（佩刀羽人制服野牛局部）（彩绘岩画，贵州省龙里县巫山大岩脚）

图 5-21 狩猎图（射向牛的箭局部）（彩绘岩画，贵州省贞丰大红岩）

图 5-22 狩猎图（彩绘岩画，四川省宜宾市珙县洛表镇麻塘坝村）

图 5-23 狩猎图（猎羚羊）（芦布湖岩画，画面 0.6 米×0.5 米，西藏阿里地区日土县热邦区芦布湖北岸）

图 5-24　狩猎图（鲁日朗卡岩画，画面 1.2 米×0.8 米，西藏阿里地区日土县日土区行政所在地附近）

图 5-25　狩猎图（阿垄沟岩画，画面 1.3 米×0.7 米，西藏阿里地区日土县日土区行政所在地附近）

图 5–26 狩猎图（鲁日朗卡岩画，西藏阿里地区日土县日土区行政所在地附近）

图 5–27 狩猎图（鲁日朗卡岩画，画面 1.6 米×0.8 米，西藏阿里地区日土县日土区行政所在地附近）

图 5–28 狩猎图（芦布湖岩画，画面 0.8 米×0.4 米，西藏阿里地区日土县热邦区芦布湖北岸）

图 5-29　狩猎图（那布龙岩画，画面 1.4 米×0.8 米，西藏阿里地区日土县乌江乡行政所在地以北 40 千米处）

图 5-30　狩猎图（康巴热久岩画，画面 2 米×0.7 米，西藏阿里地区日土县扎布乡行政所在地以北 10 千米处）

图 5-31　狩猎图（左用湖岩画，画面 0.3 米×0.9 米，西藏阿里地区日土县热邦区左用湖北岸）

图 5-32 狩猎图（猎鹿）（左用湖岩画，西藏阿里地区日土县热邦区左用湖北岸）

图 5-33 狩猎图（猎牦牛）（左用湖岩画，画面 0.4 米×0.9 米，西藏阿里地区日土县热邦区左用湖北岸）

图 5-34 狩猎图（加林山岩画，画面 0.5 米×0.4 米，西藏那曲市尼玛县荣玛乡加林山东麓）

图 5-35　狩猎图（加林山岩画，画面 0.7 米×0.4 米，西藏那曲市尼玛县荣玛乡加林山东麓）

图 5-36　狩猎图（加林山岩画，画面 0.8 米×0.3 米，西藏那曲市尼玛县荣玛乡加林山东麓）

图 5-37　狩猎图（加林山岩画，画面 0.6 米×1.2 米，西藏那曲市尼玛县荣玛乡加林山东麓）

图 5-38 狩猎图（猎羚羊）（加林山岩画，画面 0.4 米×0.6 米，西藏那曲市尼玛县荣玛乡加林山东麓）

图 5-39 狩猎图（猎鹿）（加林山彩绘岩画，画面 0.3 米×0.7 米，西藏那曲市尼玛县荣玛乡加林山东麓）

图 5-40 狩猎图（猎牦牛）（加林山彩绘岩画，画面 0.4 米×0.5 米，西藏那曲市尼玛县荣玛乡加林山东麓）

图 5-41 狩猎图（猎牦牛）（加林山彩绘岩画，画面 0.6 米×0.8 米，西藏那曲市尼玛县荣玛乡加林山东麓）

图 5-42 狩猎图（其多山彩绘岩画，西藏班戈县纳木湖西岸其多山 1 号洞穴）

图 5-43　狩猎图（其多山彩绘岩画，西藏班戈县纳木湖西岸其多山 1 号洞穴）

图 5-44　狩猎图（其多山彩绘岩画，西藏班戈县纳木湖西岸其多山 1 号洞穴）

图 5–45　狩猎图（其多山彩绘岩画，西藏班戈县纳木湖西岸其多山 1 号洞穴）

图 5–46　狩猎图（猎牦牛）（其多山彩绘岩画，西藏班戈县纳木湖西岸其多山 1 号洞穴）

图 5–47　狩猎图（盐湖岩画，画面 1 米×0.6 米，西藏革吉县北部盐湖南岸）

图 5–48　狩猎图（围猎）（盐湖岩画，画面 0.4 米×0.7 米，西藏革吉县北部盐湖南岸）

图 5-49 狩猎图（猎羊）（拉鲁卡岩画，西藏八宿县白玛镇）

图 5-50 狩猎图（猎羊）（夏仓山岩画，画面 1 米×0.6 米，西藏那曲尼玛县卓瓦乡行政所在地西北约 10 千米处）

图 5-51 狩猎图（夏仓山岩画，画面 0.9 米×0.7 米，西藏那曲尼玛县卓瓦乡行政所在地西北约 10 千米处）

图 5-52 狩猎图（扎西岛彩绘岩画，西藏当雄县纳木湖东岸扎西岛岩画第 1 地点）

图 5-53 狩猎图（扎西岛彩绘岩画，西藏当雄县纳木湖东岸扎西岛岩画第 3 地点）

图 5-54 狩猎图（猎羊）（扎西岛彩绘岩画，西藏当雄县纳木湖东岸扎西岛岩画第 3 地点）

图 5-55 狩猎图（捕鸟）（扎西岛彩绘岩画，西藏当雄县纳木湖东岸扎西岛岩画第 4 地点）

图 5 –56　狩猎图（猎鹿）（扎西岛彩绘岩画，西藏当雄县纳木湖东岸扎西岛岩画第 5 地点）

图 5 –57　狩猎图（扎西岛彩绘岩画，西藏当雄县纳木湖东岸扎西岛岩画第 10 地点）

图 5 –58　狩猎图（猎牦牛）（先遣岩画，画面 1.8 米×0.4 米，西藏阿里地区改则县先遣乡）

图 5-59 武士图（扎西岛彩绘岩画，西藏当雄县纳木湖东岸扎西岛岩画第 10 地点）

图5-60 武术图（械斗）（彩绘岩画，云南省沧源佤族自治县曼帕岩画）

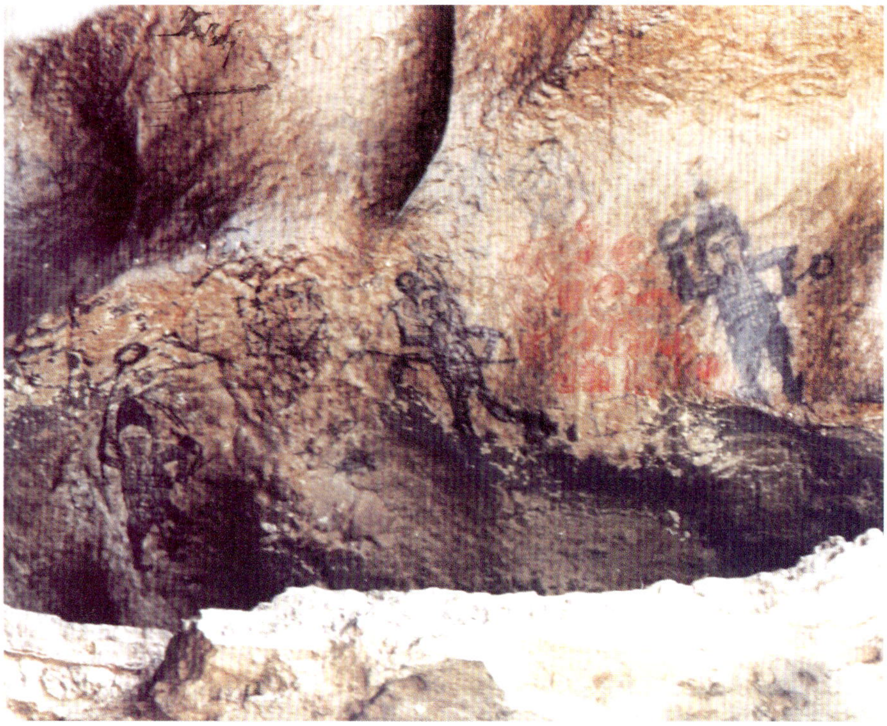

图 5-61 武士术图（彩绘岩画，云南丘北县狮子山岩画）

图 5-62 攻防武舞（云南沧源岩画）

图 5-63 乐舞图（彩绘岩画，云南省临沧市沧源县）

图 5-64 武术图（佩刀羽人）（彩绘岩画，贵州龙里县巫山大岩脚）

图 5-65 武术图（格斗）（加林山彩绘岩画，画面 0.4 米×0.7 米，西藏那曲市尼玛县荣玛乡加林山东麓）

图 5-66 武术图（佩剑）（日姆栋岩画，画面 0.5 米×0.7 米，西藏阿里地区日土县日松区行政所在地东南 3 千米处）

图 5-67 武乐舞图（彩绘岩画，云南省临沧市沧源县）

图 5-68　舞人图（云南沧源岩画）

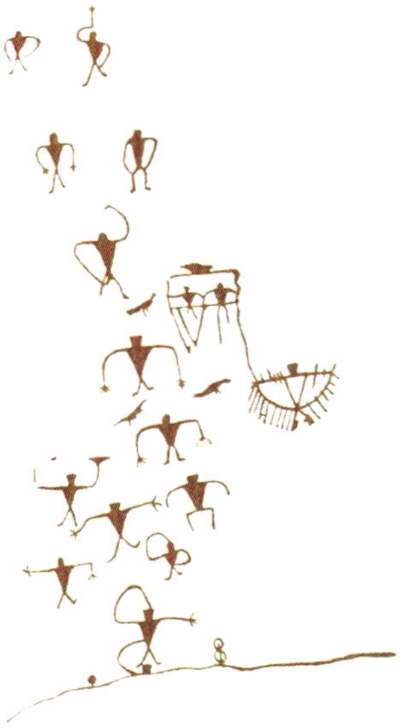

图 5–69　群舞图（云南沧源岩画）

图 5–70　乐舞图（五人圈舞）（彩绘岩画，云南省沧源县洋德海Ⅰ号岩画点）

图 5–71　乐舞（舞球）（彩绘岩画，云南省沧源佤族自治县曼帕岩画）

图 5-72 乐舞图（彩绘岩画，云南省动腊县境内断崖石壁）

图 5-73 乐舞图（局部）（彩绘岩画，贵州省龙里县巫山燕子岩）

图 5-74 乐舞图（羽人舞蹈局部）（彩绘岩画，贵州省龙里县巫山大岩脚）

图 5-75　乐舞图（持巫器舞蹈）(彩绘岩画，贵州省贵阳市息烽县温泉镇三妹岩)

图 5-76　乐舞图（多人舞蹈）(彩绘岩画，贵州省龙里县巫山大岩脚)

图 5-77　乐舞图（局部）(贵州省紫云岩画群新塘岩画)

图 5-78　乐舞图（酋与舞蹈）（彩绘岩画，四川省珙县麻塘坝）

图 5-79　乐舞图（蛙舞僰人）（彩绘岩画，四川省珙县麻塘坝）

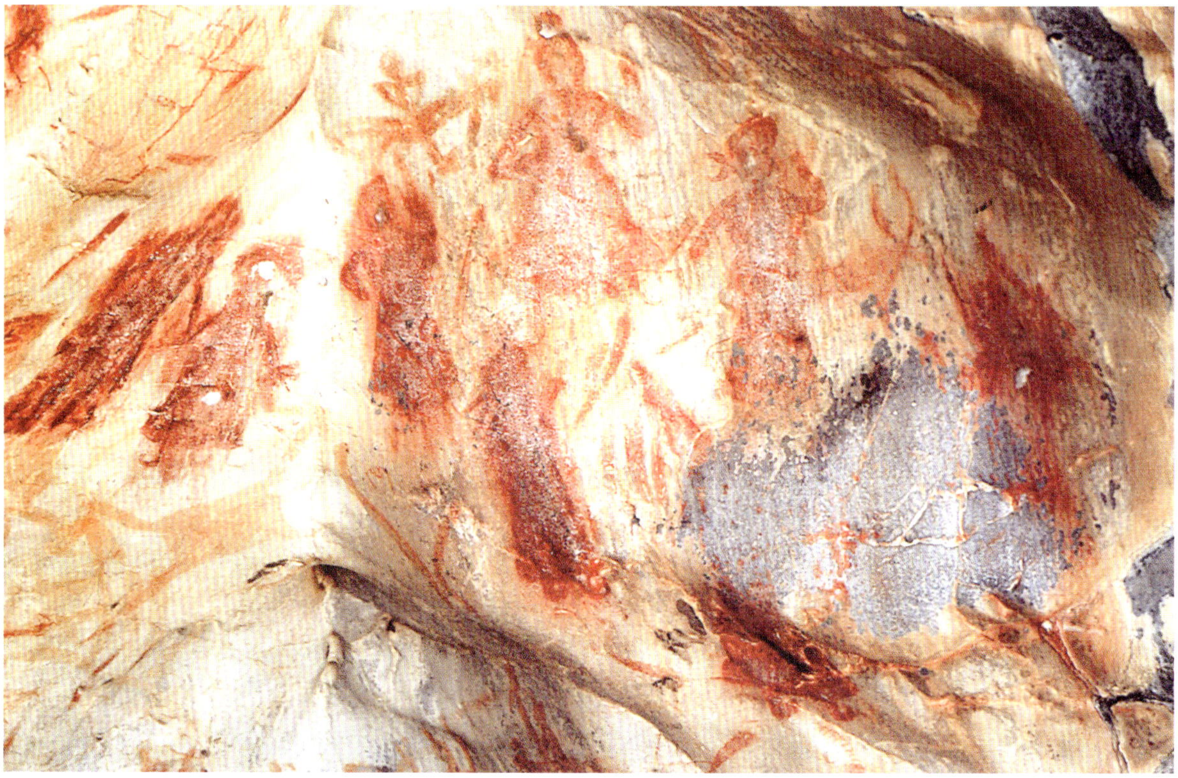

图 5-80 舞者图（扎西岛彩绘岩画，西藏当雄县纳木湖东岸扎西岛岩画第 4 地点）

图 5-81 舞者图（塔康巴彩绘岩画，画面 0.7 米×0.8 米，西藏阿里地区日土县乌江乡行政所在地 40 千米处以南 1 千米处）

图 5-82　舞蹈图（塔康巴彩绘岩画，西藏阿里地区日土县乌江乡行政所在地 40 千米处以南 1 千米处）

图 5-83　舞者图（塔康巴彩绘岩画，人物身高 18 厘米，西藏阿里地区日土县乌江乡行政所在地 40 千米处以南 1 千米处）

图 5-84　舞者图（拉鲁卡岩画，人物身高 16 厘米，西藏八宿县行政所在地白玛镇以东约 30 千米处）

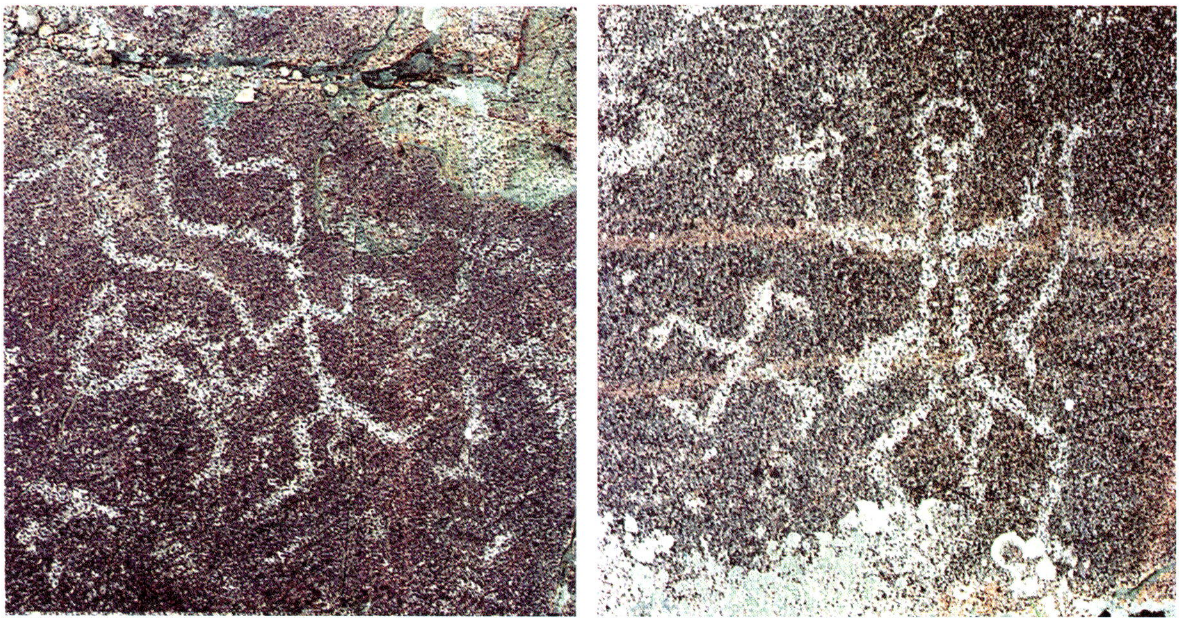

图 5–85　舞者图（拉鲁卡岩画，画面 0.2 米×0.3 米，西藏八宿县行政所在地白玛镇以东约 30 千米处）

图 5–86　鸟首面具舞图（西藏日土岩画）

图 5-87　男女对舞图（西藏日土岩画）

图 5-88　跳跃图（彩绘岩画，云南省沧源县洋德海Ⅰ号岩画点）

图 5-89　百戏图（双人叠立）（彩绘岩画，云南省沧源佤族自治县曼帕岩画）

图 5-90　百戏图（橦技杆上人物）（彩绘岩画，云南省沧源佤族自治县丁来Ⅰ号岩画点）

图 5-91　百戏图（球戏）（僰人彩绘岩画，四川省珙县麻塘坝）

图 5-92　划船图（云南省沧源佤族自治县曼坎Ⅱ号岩画点）

图 5-93　僰人球戏图（四川省宜宾市珙县岩画）

图 5-95　叠罗汉（云南省沧源第一地点 2 区岩画）

图 5-94　叠罗汉（云南省沧源第四地点 1 区岩画）

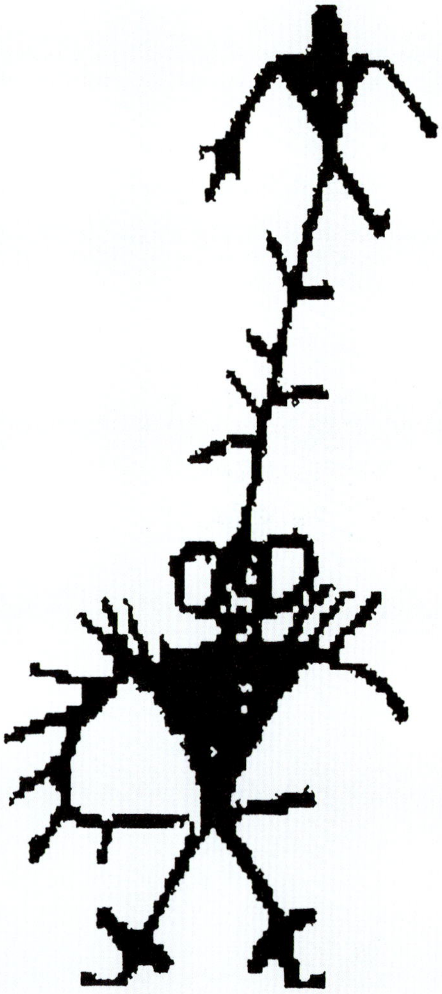

图 5-96　顶杆（云南省沧源第一地点 5 区岩画）

图 5–97 马术图（饲马）（贵州省长顺龙家院红洞彩绘岩画）

图 5–98 马上格斗图（四川省宜宾市珙县岩画）

图 5–99 百戏僰人马上技巧图
（四川省宜宾市珙县岩画）

图 5-100　马术图（骑士）（四川省宜宾市珙县洛表镇麻塘坝彩绘岩画）

图 5-101 铜箭镞（最长 5 厘米，西藏拉萨市曲贡村遗址出土，新石器时代）

图 5-102 青铜戈（宽 2.5—4.3 厘米，通长 20.4—21 厘米，四川省广汉市三星堆一号祭祀坑出土，新石器时代晚期，现藏四川三星堆博物馆）

图 5-103 玉戈（通长 40 厘米，宽 10.1 厘米，四川省广汉市三星堆一号祭祀坑出土，新石器时代晚期，现藏四川三星堆博物馆）

图 5-104 穿孔石奔（四川成都新津宝墩古城出土，新石器时代晚期，现藏四川成都博物馆）

图 5-105　石斧（四川成都新津宝墩古城出土，新石器时代晚期，现藏四川成都博物馆）

图 5-106　石矛（四川成都新津宝墩古城出土，新石器时代晚期，现藏四川成都博物馆）

图 5-107　骨镞（长 9.5 厘米，宽 1.5 厘米，商，现藏重庆中国三峡博物馆）

图 5-108　石斧（长 10.5 厘米，宽 5.8 厘米，高 1 厘米，1959 年重庆巫山县大溪出土，新石器时代，现藏四川博物院）

图 5-109　青铜戈（长 28.8 厘米，宽 6 厘米，商，现藏重庆中国三峡博物馆）

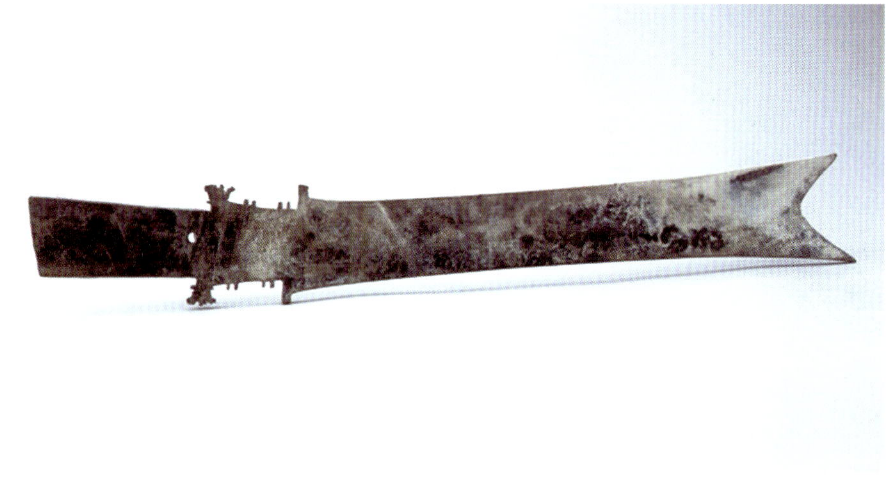

图 5-110　玉牙璋（通高 59.3—60.5 厘米，1931 年四川省广汉市三星堆遗址出土，商，现藏四川博物院）

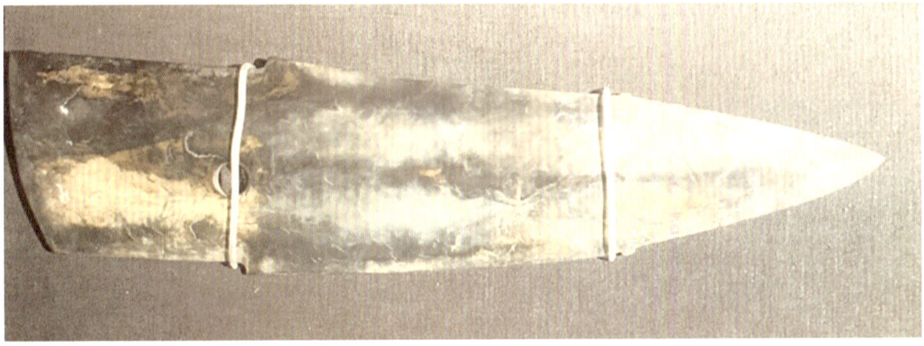

图 5-111　玉戈（四川三星堆遗址一号祭祀坑出土，商，现藏四川三星堆博物馆）

图 5-112　"V"锋长援直内玉戈（长 27.6 厘米，宽 5.65 厘米，厚 0.77 厘米，商周，现藏四川成都金沙遗址博物馆）

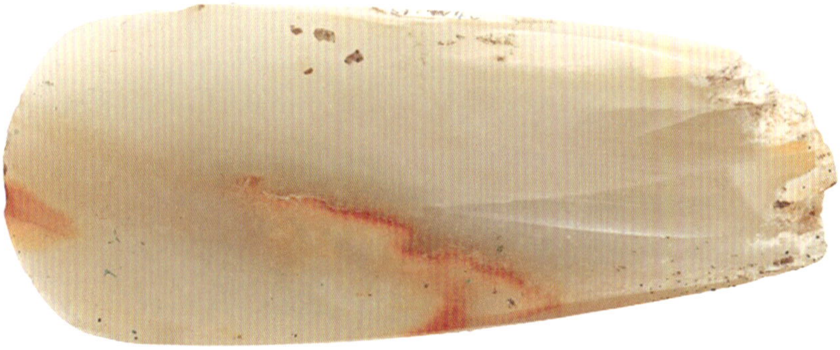

图 5-113　玉斧（长 8.73 厘米，宽 3.51 厘米，厚 1.74 厘米，商周，现藏四川成都金沙遗址博物馆）

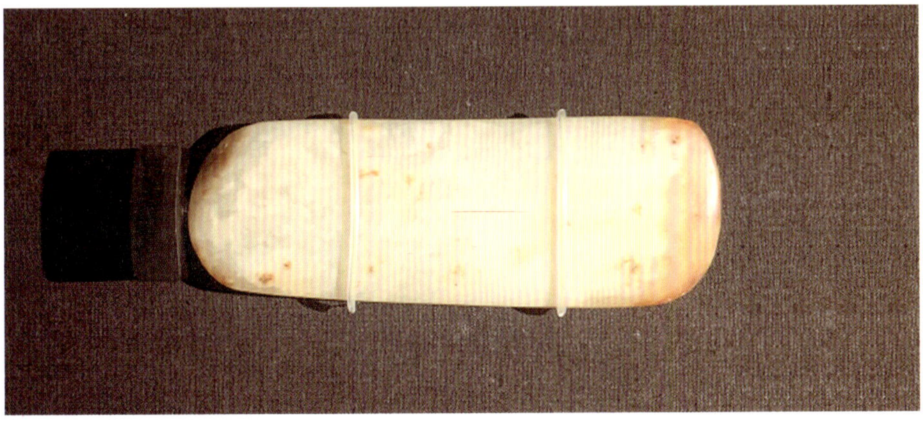

图 5-114　玉斧（四川成都金沙遗址出土，商周，现藏四川成都博物馆）

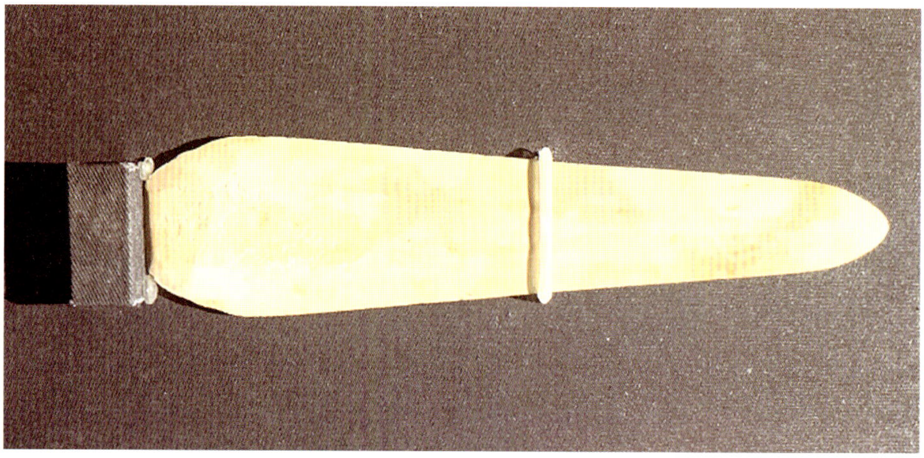

图 5-115　玉矛（四川成都金沙遗址出土，商周，现藏四川成都博物馆）

图 5-116　铜戈（长 22 厘米，胡长 10 厘米，春秋，现藏重庆中国三峡博物馆）

图 5-117　直内铜戈（长 24.7 厘米，宽 12 厘米，东周，现藏重庆中国三峡博物馆）

图 5-118　铜剑（长 56.7 厘米，宽 4.2 厘米，战国，现藏重庆中国三峡博物馆）

图 5-119　圆刃折腰铜钺（长 18.6 厘米，宽 8.8 厘米，战国，现藏重庆中国三峡博物馆）

图 5-120　三翼铜镞（长 3.8 厘米，战国，现藏重庆中国三峡博物馆）

图 5-121 柳叶形铜剑（长 43.7 厘米，宽 4.5 厘米，战国，现藏重庆中国三峡博物馆）

图 5-122 铜矛（长 26.5 厘米，战国，现藏重庆中国三峡博物馆）

图 5-123 楚式铜剑（长 48.5 厘米，战国，现藏重庆中国三峡博物馆）

图 5-124　虎纹柳叶形铜剑（长 43.5 厘米，战国，现藏重庆中国三峡博物馆）

图 5-125　符号铜矛（长 23.9 厘米，宽 3.6 厘米，战国，现藏重庆中国三峡博物馆）

图 5-126　三棱锥形铜镞（长 2.6 厘米，战国，现藏重庆中国三峡博物馆）

图 5-127　短铤双翼铜镞（长 6.4 厘米，战国，现藏重庆中国三峡博物馆）

图 5-128 铜矛（长 18.5 厘米，战国，现藏重庆中国三峡博物馆）

图 5-129 三棱锥形铜镞（长 2.5 厘米，战国，现藏重庆中国三峡博物馆）

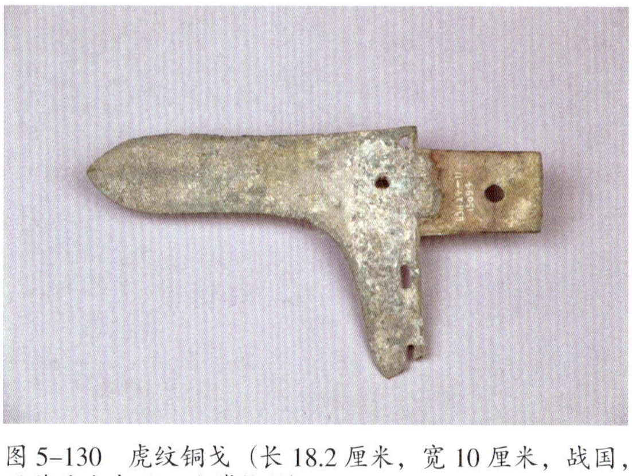

图 5-130 虎纹铜戈（长 18.2 厘米，宽 10 厘米，战国，现藏重庆中国三峡博物馆）

图 5-131　鸟纹铜戈（长 19.6 厘米，宽 7.6 厘米，战国，现藏重庆中国三峡博物馆）

图 5-132　文字铜戈（长 22 厘米，宽 8.6 厘米，战国，现藏重庆中国三峡博物馆）

图 5-133　铜矛（长 15.8 厘米，战国，现藏重庆中国三峡博物馆）

图 5-134　铜钺（长 16.5 厘米，宽 8.5 厘米，战国，现藏重庆中国三峡博物馆）

图 5-135　圆刃折腰铜钺（长 18.5 厘米，宽 9.1 厘米，战国，现藏重庆中国三峡博物馆）

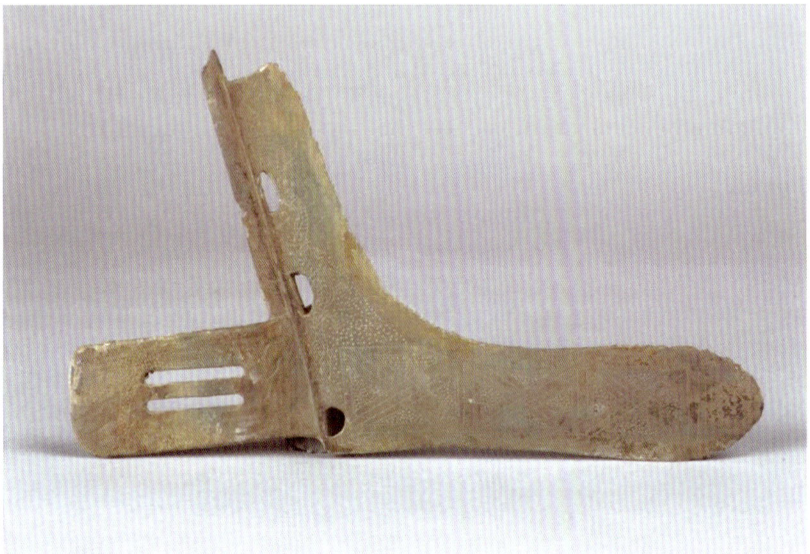
图 5-136　鹿纹铜戈（长 23 厘米，宽 13.2 厘米，战国，现藏重庆中国三峡博物馆）

图 5-137　铭文铜戈（戈长 16 厘米，胡长 10 厘米，战国，现藏重庆中国三峡博物馆）

图 5-138　虎纹铜戈（长 23.5 厘米，宽 15.5 厘米，战国，现藏重庆中国三峡博物馆）

图 5-139　有銎三棱铜镞（长 4.6 厘米，战国，现藏重庆中国三峡博物馆）

图 5-140 铜戈（长 19 厘米，战国，现藏重庆中国三峡博物馆）

图 5-141 铜钺（长 14.3 厘米，宽 7.4 厘米，战国，现藏重庆中国三峡博物馆）

图 5-142 环首铜刀（长 15 厘米，战国，现藏重庆中国三峡博物馆）

图 5-143 巴蜀符号铜矛（长 23.4 厘米，战国，现藏重庆中国三峡博物馆）

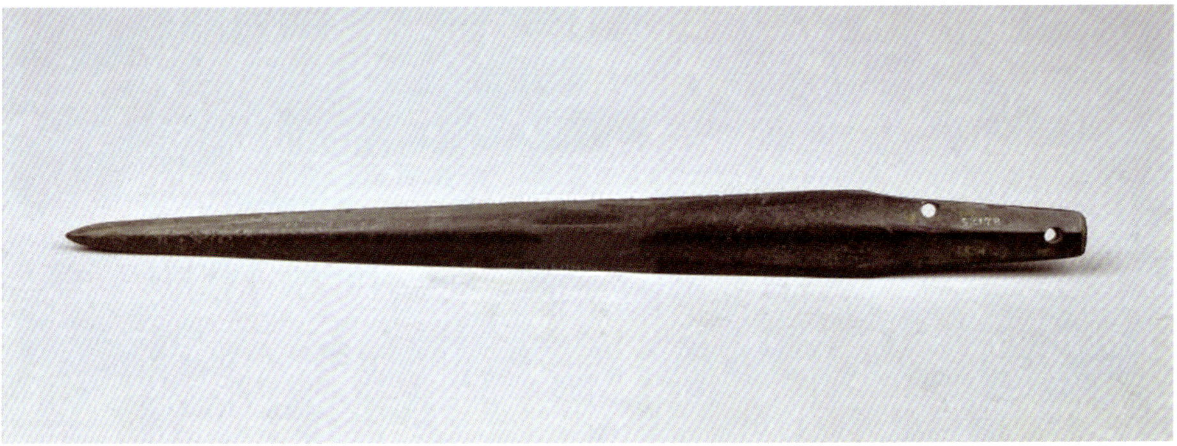

图 5-144 柳叶形铜剑（长 33.7 厘米，战国，现藏重庆中国三峡博物馆）

图 5-145 虎纹铜矛-1（长20.5 厘米，战国，现藏重庆中国三峡博物馆）

图 5-146 虎纹铜矛-2（长20.5 厘米，战国，现藏重庆中国三峡博物馆）

图 5-147 双钺形铜戈（云南省昆明市呈贡天子庙 41 号墓出土，战国，现藏云南省昆明市博物馆）

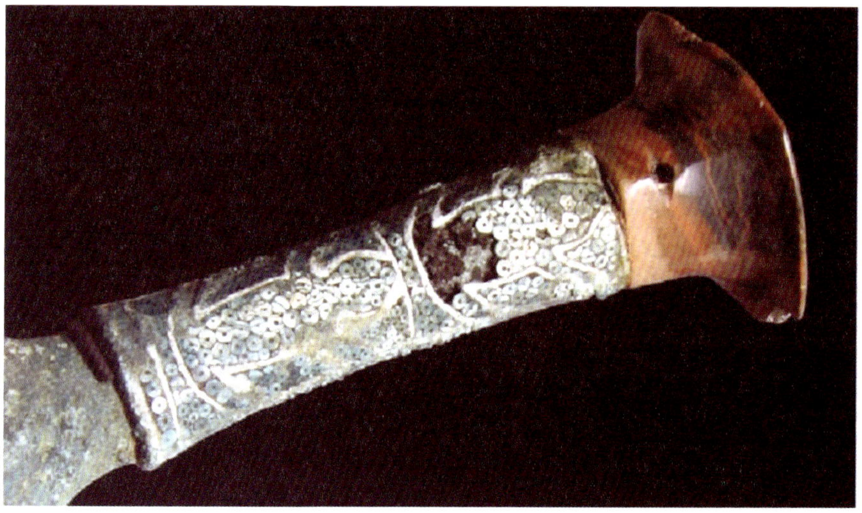

图 5-148　嵌玉剑首（剑长 39.2 厘米，剑首面长径 5.4 厘米，宽径 45 厘米，高 21 厘米，战国，现藏云南省博物馆）

图 5-149　铜戈（云南省玉溪市江川县李家山出土，战国，现藏云南省玉溪市博物馆）

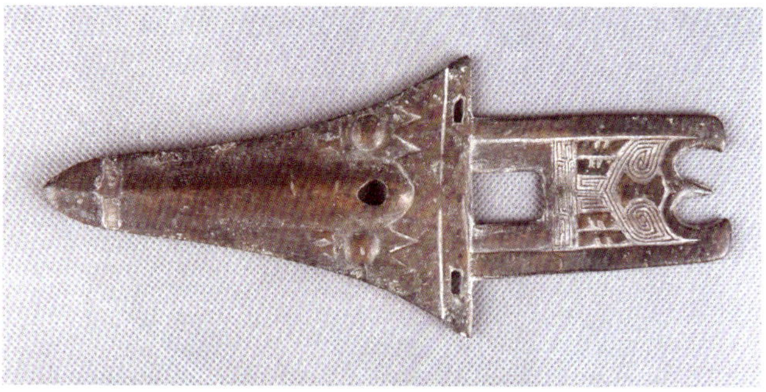

图 5-150　兽面纹铜戈（通长 23 厘米，内长 8.5 厘米，阑宽 9.3 厘米，战国，现藏贵州省博物馆）

图 5-151　一字格曲刃铜剑（通长 26 厘米，其中身长 18.2 厘米，茎长 7.8 厘米，格宽 13 厘米，战国，现藏贵州省博物馆）

图 5-152 狩猎纹铜壶（腹径26厘米，高41.4厘米，四川省成都市青羊小区出土，战国）

图 5-153 铜壶（通高33.5厘米，口径5厘米，底径10.4厘米，腹径19.7厘米，四川省达州市罗家坝遗址M2出土，战国）

图 5-154　带鞘铜双剑（鞘长 29.2 厘米，鞘宽 12.6 厘米，1973 年四川省成都中医学院战国墓出土，战国，现藏四川博物院）

图 5-156　虎纹铜戈（长 25.2 厘米，宽 13.6 厘米，高 2.4 厘米，战国，现藏四川博物院）

图 5-155　蝉纹带鞘双剑（四川成都金牛小区出土，战国，现藏成都博物馆）

图 5-157　兽面纹铜戈（长 29.4 厘米，厚 1 厘米，1980 年四川新都马家乡出土，战国，现藏四川博物院；呈三角形，无胡）

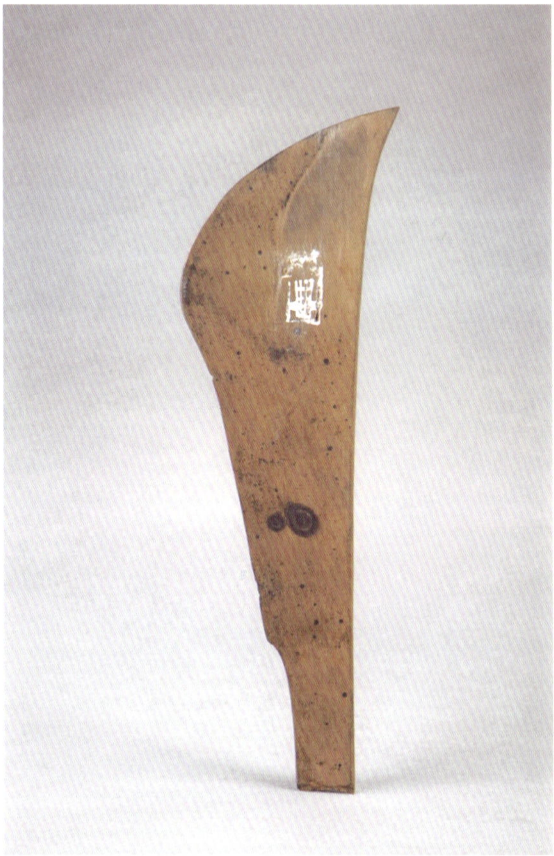

图 5-158　铜削（长 23.7 厘米，刃最宽 6.4 厘米，1980 年四川新都马家乡出土，战国，现藏四川博物院；弧形刀刃，短柄，器身阴刻巴蜀图语）

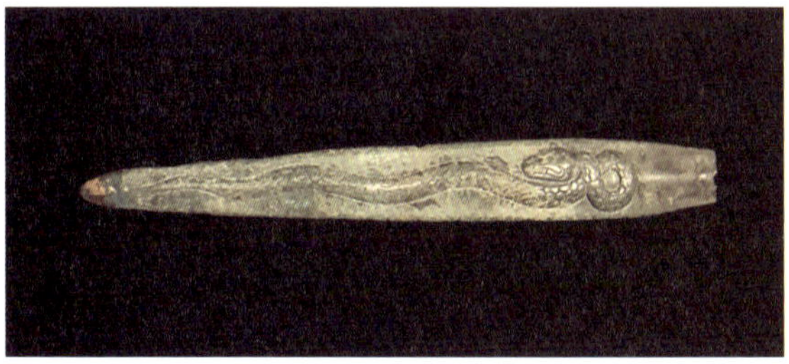

图 5-159　蛇纹柳叶形铜剑（四川省成都市区出土，战国，现藏四川成都博物馆）

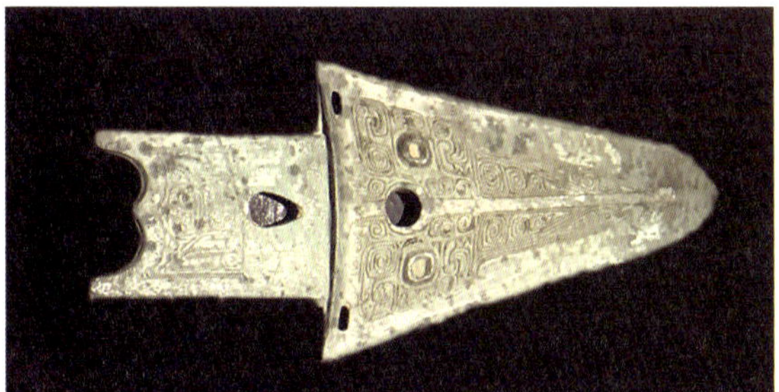

图 5-160　蝉纹铜戈（四川省成都青羊小区出土，战国，现藏四川成都博物馆）

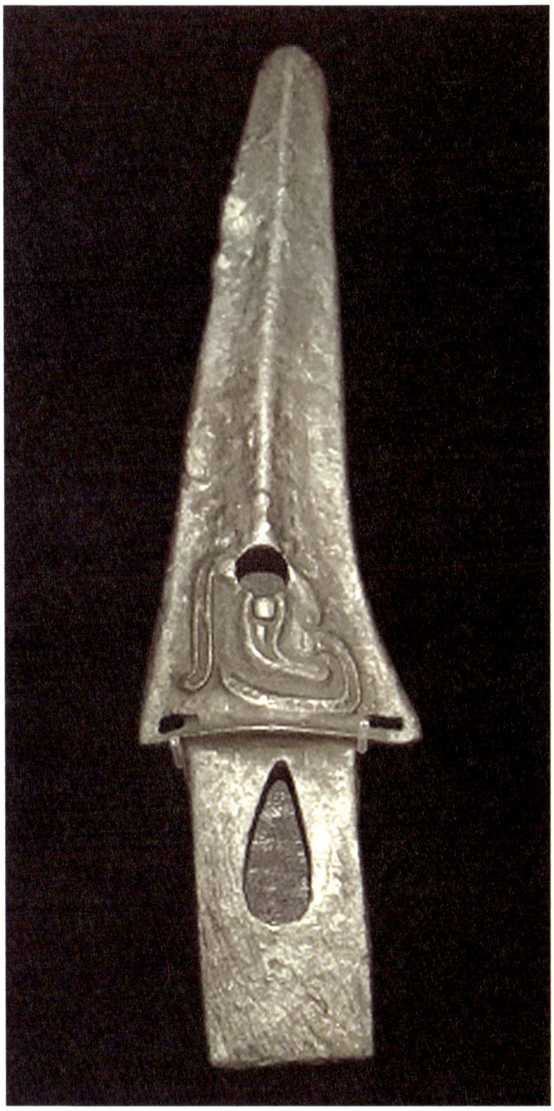

图 5-161　蚕纹铜戈（长 26.5 厘米，宽 7.6 厘米，四川省成都市交通巷出土，战国，现藏四川成都博物馆；铜戈援部饰有兽头形图案及云雷等，长方形内两面均饰蚕纹，蚕纹四周环以云雷纹和几何形纹等）

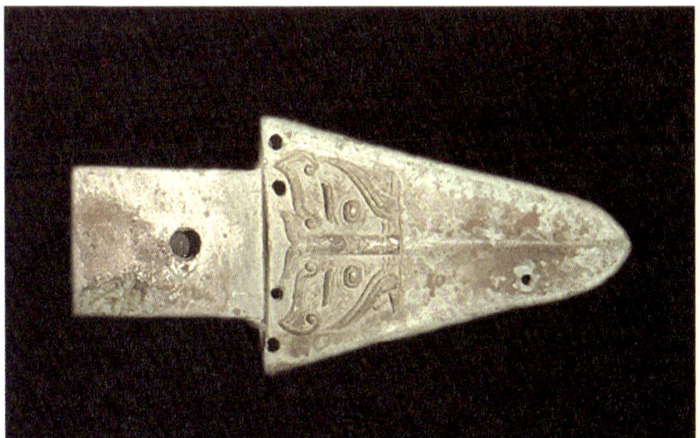

图 5-162　虎纹铜戈（四川省成都市青羊小区出土，战国，现藏四川成都博物馆）

图 5-163　巴蜀鸟纹铜戈（长 19.6 厘米，宽 7.6 厘米，战国，现藏重庆中国三峡博物馆）

图 5-166　长骹高棱铜矛（长 24.7 厘米，重庆市云阳李家坝出土，战国，现藏重庆中国三峡博物馆）

图 5-164　巴蜀文字虎纹铜戈（长 25.6 厘米，宽 13.6 厘米，重庆市云阳李家坝出土，战国，现藏重庆中国三峡博物馆）

图 5-167　人面云雷纹铜矛（长 23.7 厘米，重庆市云阳李家坝出土，战国，现藏重庆中国三峡博物馆）

图 5-165　银斑手心纹铜矛（长 21 厘米，重庆市云阳李家坝出土，战国，现藏重庆中国三峡博物馆）

图 5-168　巴蜀“王”字青铜钺（长 16.2 厘米，宽 7.6 厘米，重庆市巴县冬笋坝出土，战国，现藏重庆中国三峡博物馆）

图 5-169 巴蜀鎏金虎纹铜剑（长 39.1 厘米，宽 3.8 厘米，重庆冬笋坝出土，战国）

图 5-170 巴蜀兽面纹铜鍨（长 19.9 厘米，0.8 厘米，战国，现藏重庆中国三峡博物馆）

图 5-171 巴蜀文字虎纹青铜戈（25.5 厘米，宽 13 厘米，战国，现藏重庆中国三峡博物馆）

图 5-172 兽面纹柳叶形巴蜀铜剑（长 22 厘米，宽 3.5 厘米，战国，现藏重庆中国三峡博物馆）

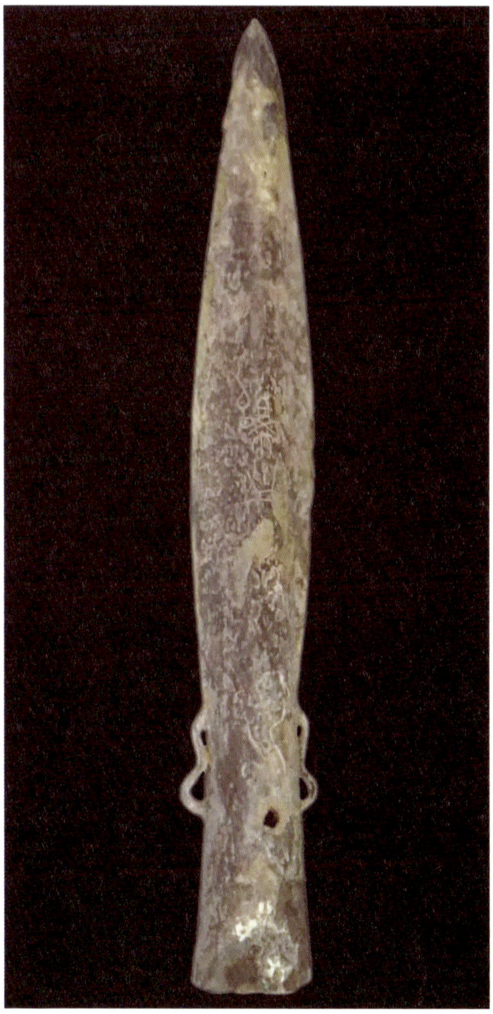

图 5-173 成都矛（矛长 20 厘米左右，1985 年在四川雅安荥经县古城村发现的战国晚期船棺葬 1 号墓内出土，战国晚期，现藏雅安市博物馆；其骹部錾刻有“成都”二字，因此被称为“成都矛”）

图 5-174　吊人铜茅（高 30.5 厘米，云南省昆明市晋宁县石寨山出土，战国至西汉，现藏云南省博物馆）

图 5-175　雕铜套石剑砺（长 14 厘米，云南省昆明市晋宁县石寨山 13 号墓出土，战国至西汉，现藏云南省博物馆）

图 5–176 铜柄铁剑（全长 58.5 厘米，茎长 11.5 厘米，1978 年贵州毕节赫章可乐 25 号墓出土，西汉，现藏贵州省博物馆）

图 5–177 人形柄铜剑（长 30 厘米，云南省昆明市晋宁县石寨山 71 号墓出土，战国至西汉；剑首顶部有一圆孔，剑身饰螺旋纹及卷草纹）

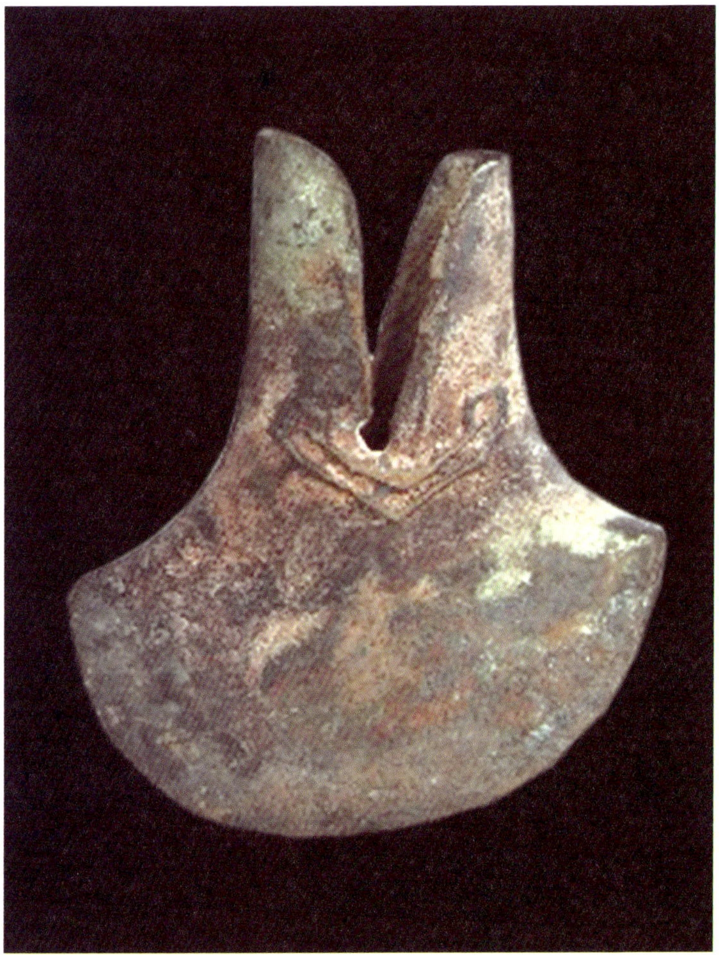

图 5-178 铜钺（长 13.2 厘米，宽 11.1 厘米，现藏贵州省博物馆）

图 5-179 鹈鹕形铜钺（云南省昆明市晋宁石寨山出土，西汉，现藏云南省博物馆）

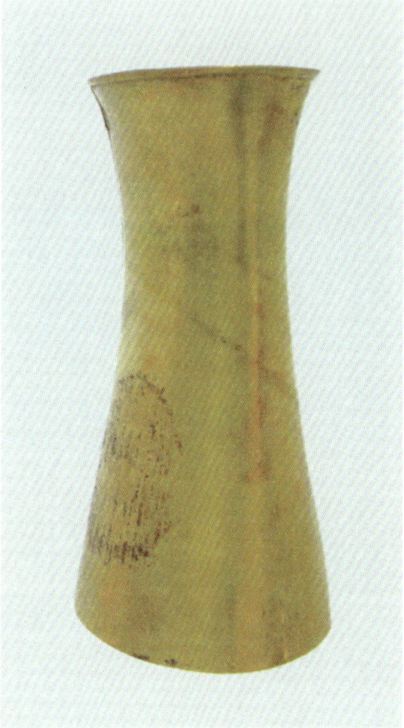

图 5-180 金臂甲（高 18.8 厘米，云南省昆明市晋宁县石寨山 12 号墓出土，西汉，现藏云南省博物馆；防护类兵器，呈圆筒状，上粗下细，与人的手臂相合，通体无纹饰，筒侧开口，边沿有长方形穿孔，造型规整，做工精细）

图 5-181 鱼尾纹铜斧（长 16.1 厘米，云南省昆明市晋宁县石寨山 71 号墓出土，西汉）

图 5-182 铜戈（长 21.8 厘米，云南省昆明市晋宁县石寨山 71 号墓出土，西汉）

图 5-183 压花牛纹剑鞘（长 49 厘米，云南省昆明市晋宁县石寨山 71 号墓出土，西汉）

图 5-184 豹纽铜茅（高 17.9 厘米，云南省昆明市晋宁县石寨山出土，西汉）

图 5-185　三熊銎铜戈（通长 23.5 厘米，銎宽 16 厘米，云南省昆明市晋宁石寨山 13 号墓出土，西汉）

图 5-186　猴蛇钮铜钺（高 14.4 厘米，云南省昆明市晋宁县石寨山 12 号墓出土，西汉）

图 5-187　水獭争鱼钮铜戈（高 27 厘米，云南省昆明市晋宁石寨山出土，西汉；椭圆形銎，銎部饰弦纹及动物纹，銎背有圆雕水獭两只，相对捕捉一鱼）

图 5–188　立鼠铜斧（云南省昆明市晋宁县石寨山墓地出土，西汉；斧柄上细线阴刻装饰图案，旁边还铸有活灵活现的小老鼠立体雕像，昂首举目，神态自若）

图 5–189　豹衔鼠铜戈（云南省昆明市晋宁石寨山出土，西汉；造型独特，应为当时的礼仪用器，在当时为滇国的王侯贵族所拥有，是权威的象征）

图 5-190　虎噬牛饰铜狼牙棒（高 30.7 厘米，云南省江川县李家山 24 号墓出土，西汉，现藏云南省博物馆）

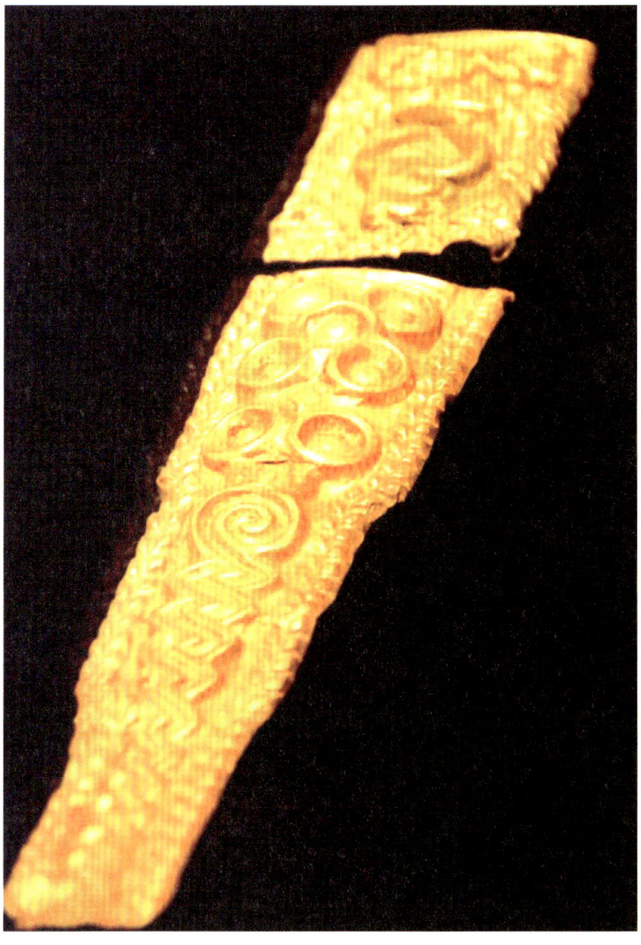

图 5-191　铜柄铁剑及压花牛头纹金剑鞘（云南省昆明市晋宁石寨山出土，西汉，现藏云南昆明市博物馆）

图 5-192　八人猎虎铜扣饰（高 6.7 厘米，宽 11.7 厘米，西汉，现藏云南省博物馆）

图 5-193　鸟践蛇銎铜斧（通长 23.5 厘米，銎宽 15.5 厘米，云南省昆明市晋宁县石寨山 13 号墓出土，西汉）

图 5-194　兵俑（青铜，汉，现藏云南省博物馆）

图 5-195　骑士（青铜，汉，现藏云南省博物馆）

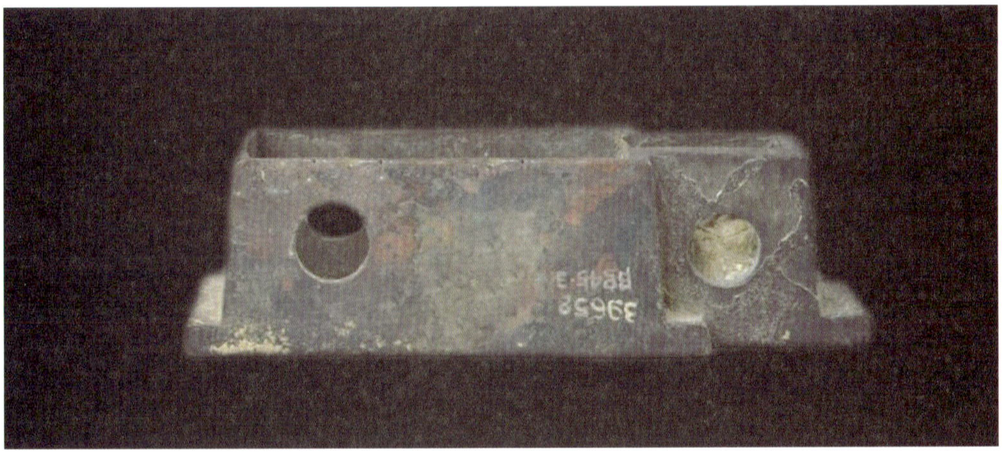

图 5-196　铜弩机机槽（长 13.4 厘米，宽 3.7 厘米，东汉，现藏重庆中国三峡博物馆）

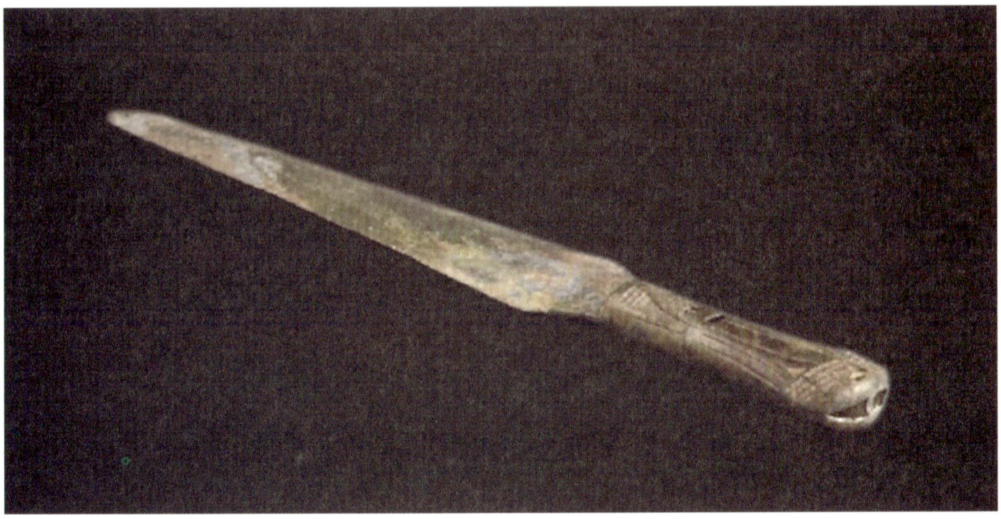

图 5-197　蛇头形茎首无格铜剑（通长 38 厘米，茎长 11.4 厘米，身长 24 厘米，刃最宽 4.5 厘米，1978 年贵州毕节威宁中水汉墓出土，汉，现藏贵州省博物馆）

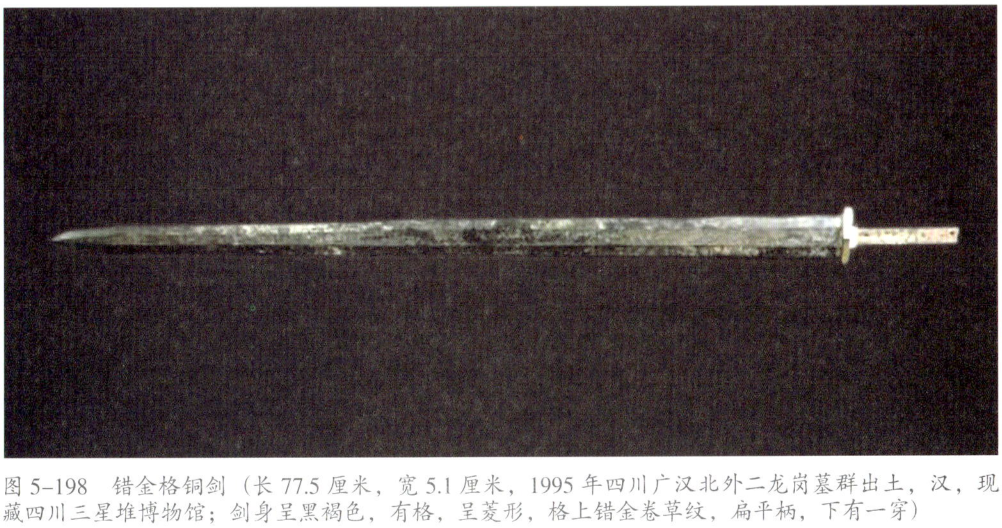

图 5-198　错金格铜剑（长 77.5 厘米，宽 5.1 厘米，1995 年四川广汉北外二龙岗墓群出土，汉，现藏四川三星堆博物馆；剑身呈黑褐色，有格，呈菱形，格上错金卷草纹，扁平柄，下有一穿）

图 5-199　铜弩机（长 12 厘米，汉，现藏重庆中国三峡博物馆）

图 5-200　环首铜刀（长 98 厘米，汉，现藏重庆中国三峡博物馆）

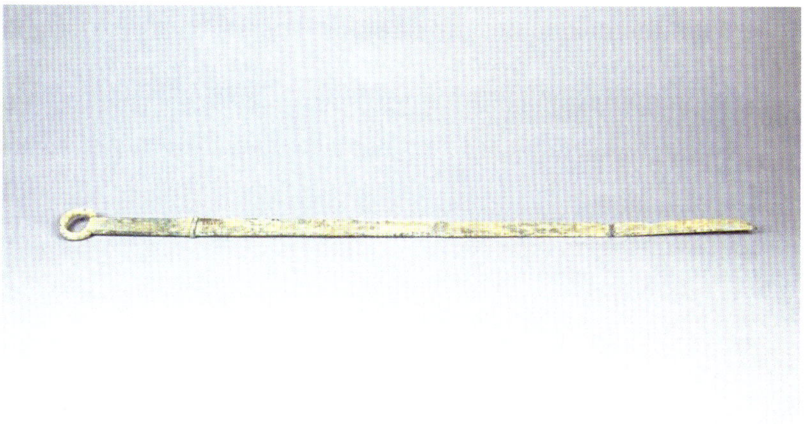

图 5-201　铜弩机（长 15.2 厘米，汉，现藏重庆中国三峡博物馆）

图 5-202 蜀汉景耀四年铭文铜弩机（长 16 厘米，最宽 12 厘米，1964 年四川省成都市郫县雷家祠发掘出土，三国，现藏四川博物院）

图 5-203 铁镞（长 12.7 厘米，南北朝，现藏重庆中国三峡博物馆）

图 5-204 铁矛（长 27.6 厘米，南北朝，现藏重庆中国三峡博物馆）

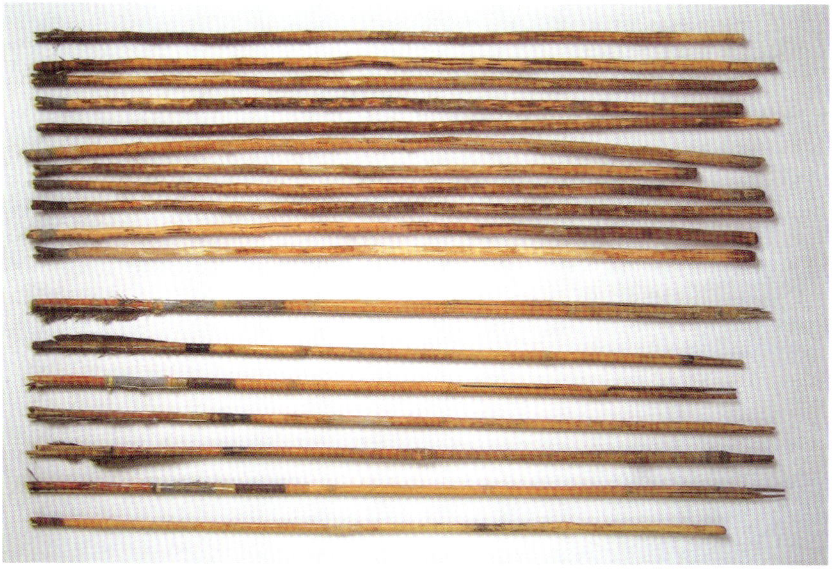

图 5-205 木箭杆与竹箭杆（兵器构件，通长 73—75 厘米，1985 年西藏札达县古格遗址出土，分治时期）

图 5-206 皮盾牌（防御兵器，直径 55 厘米，厚 0.45—0.55 厘米，1985 年西藏札达县古格遗址出土，分治时期）

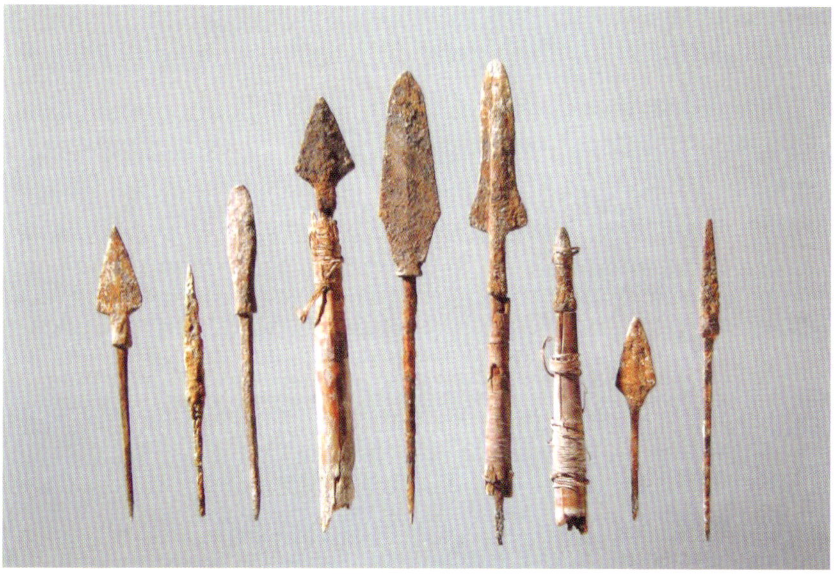

图 5-207 铁镞（兵器构件，最长 14.8 厘米，最短 6.1 厘米，1985 年西藏札达县古格遗址出土，分治时期）

图 5-208 人物山水故事铜镜（直径 22 厘米，厚 0.8 厘米，宋）

图 5-209 秦良玉皮盔（内径 18 厘米，外径 35 厘米，高 21 厘米，明，现藏重庆中国三峡博物馆）

图 5–210　秦良玉朴刀（长 98 厘米，明，现藏重庆中国三峡博物馆）

图 5–211　秦良玉甲胄（身长 162 厘米，袖长 113.5 厘米，明，现藏重庆中国三峡博物馆）

图 5-212 带羽木杆铁镞（长 106 厘米，清，现藏重庆中国三峡博物馆）

图 5-213 木弓（长 116 厘米，清，现藏重庆中国三峡博物馆）

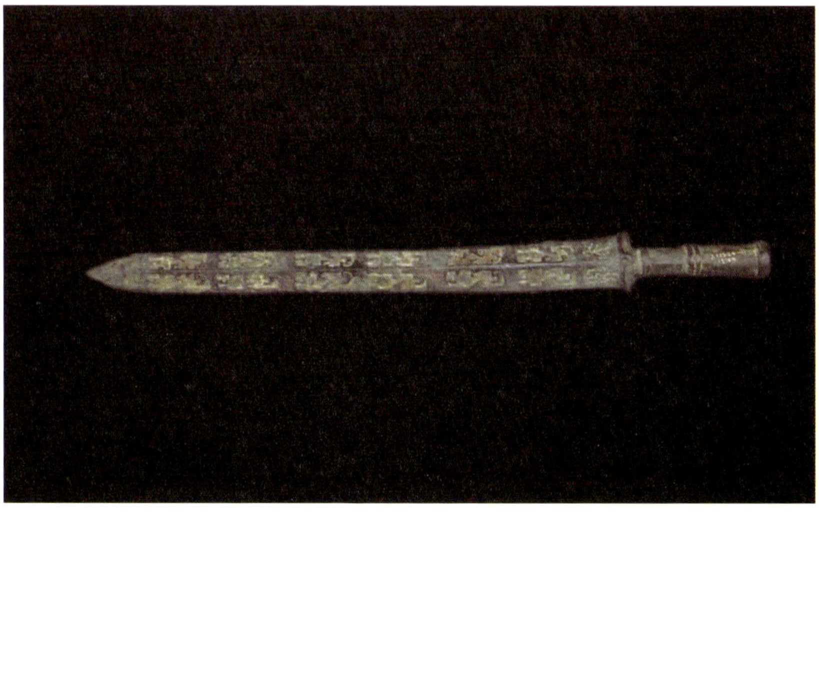

图 5-214 虎纹铜剑（长 43.5 厘米，清，现藏重庆中国三峡博物馆）

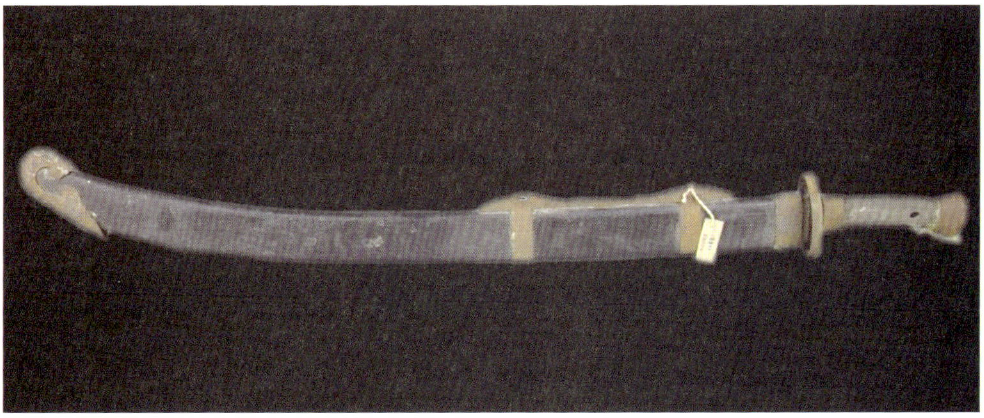

图 5-215　木柄皮鞘铁刀（长 100 厘米，清，现藏重庆中国三峡博物馆）

图 5-216　有銎双翼铜镞（长 11.7 厘米，宽 7 厘米，清，现藏重庆中国三峡博物馆）

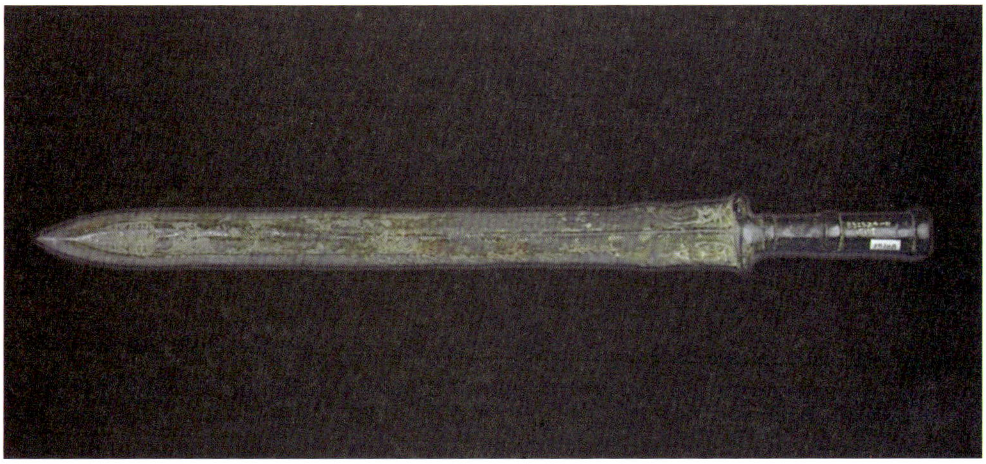

图 5-217　云雷纹铜剑（长 43.4 厘米，清，现藏重庆中国三峡博物馆）

图 5-218　腰刀（通长 50.5 厘米，刀长 46 厘米，刀宽 2.6 厘米，鞘长 23.5 厘米，高 9 厘米，清，现藏四川博物院）

图 5-219　彩绘朱漆皮铠甲（长 55 厘米，宽 116.2 厘米，清，现藏四川博物院）

图 5-220　靴形铜钺（长 18.5 厘米，宽 8.2 厘米，现藏云南省玉溪市元江县文化馆）

图 5-221 靴形铜钺（长 17.6 厘米，宽 7.8 厘米，现藏云南省玉溪市元江县文化馆）

图 5-222 铜叉（长 13 厘米，宽 10.8 厘米，现藏云南省元江县文化馆）

图 5-223 靴形铜钺（长 15 厘米，宽 7 厘米，现藏云南省玉溪市元江县文化馆）

图 5-224 人首纹铜矛（长 18.5 厘米，銎径 2 厘米，现藏云南省玉溪市元江县文化馆）

图 5-225 靴形铜钺（长 14.7 厘米，宽 8 厘米，现藏云南省玉溪市元江县文化馆）

图 5-226 叠鼓形狩猎场面铜贮贝器（高 62.1 厘米，云南省昆明市晋宁县石寨山 71 号墓出土）

图 5-227　猎鹿铜扣饰（高 8 厘米，宽 8.5 厘米，云南省昆明市晋宁县石寨山 7 号墓出土）

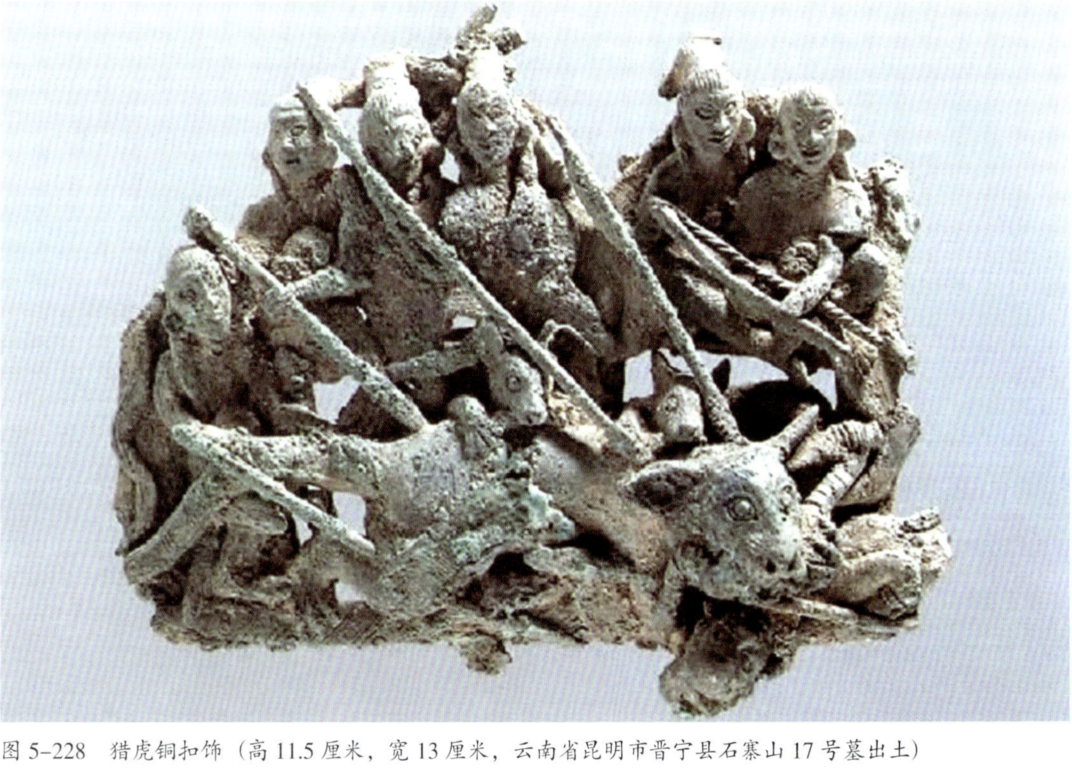

图 5-228　猎虎铜扣饰（高 11.5 厘米，宽 13 厘米，云南省昆明市晋宁县石寨山 17 号墓出土）

图 5-229　杀人祭柱场面铜贮贝器（高 38 厘米，盖径 30 厘米，云南省昆明市晋宁县石寨山出土，西汉，现藏云南省博物馆）

图 5-230　叠鼓形狩猎纹铜储贝器（云南省昆明市晋宁县石寨山 71 号墓出土，西汉，现藏云南省博物馆）

图 5–231 二人缚牛鎏金铜扣饰（高 10 厘米，宽 15 厘米，云南省昆明市晋宁县石寨山 71 号墓出土，现藏云南省博物馆。一牛居中，头套绳索，两角硕壮。头后站一人，双脚蹬地，右手按牛肩，左手似作牵拉状。牛后亦站立一人，双脚蹬地，头后仰，双手置于牛背上作推状。二人均赤足。下端一长蛇，口衔牛前缚牛人的左脚）

图 5–232 骑士猎鹿扣饰（长 14.4 厘米，高 24.1 厘米，现藏云南省玉溪市李家山青铜博物馆）

图 5-233　骑士猎鹿扣饰（长 14.9 厘米，高 17.8 厘米，现藏云南省玉溪市李家山青铜博物馆）

图 5-234　猎豹扣饰（长 11 厘米，高 8.8 厘米，现藏云南省玉溪市李家山青铜博物馆）

图 5-235　二猎人猎猪铜扣饰（青铜，长 0.123 米，宽 0.65 米，云南省玉溪市李家山 13 号墓出土，现藏云南省博物馆）

图 5-236　二猎人猎鹿铜扣饰（青铜，长 0.125 米，高 0.12 米，云南省玉溪市李家山 13 号墓出土，现藏云南省博物馆）

图 5-237　铜戈（通长 17.4 厘米，胡长 5 厘米，内长 4.8 厘米，战国，现藏四川博物院）

图 5-238　铁矛（长 27.6 厘米，南北朝，现藏重庆中国三峡博物馆）

图 5-239 剑（四川省成都市新都区马家乡出土，战国，现藏四川省博物馆）

第六章

滇黔高原、巴蜀地区、西藏的古代体育文物

一、射术与弓道

古人最早使用弓和箭，主要用于狩猎和战争。西南地区射箭技术之高，是闻名世界的。在汉古文字中，“侯”字是一个会意字，画着一块布，也就是靶子；还有一个“矢”字，也就是箭。最早选军队领袖，是根据射艺水平的高低来决定的，射中者为“侯”。这就是“诸侯”的“侯”字的本义。这种以比赛为主的运动，在儒家思想的影响下，逐步演变成为射礼，将礼乐教化与体育比赛完美地融成一体，最终形成了一种竞技性的射箭运动。

图 6-1　嵌错宴乐攻战青铜壶（高 40 厘米，口径 13.4 厘米，腹径 26.5 厘米，足高 2 厘米，四川成都百花潭中学 10 号墓出土，战国，现藏四川成都博物馆）

图 6–2　狩猎纹铜壶（高 41.4 厘米，腹径 26 厘米，四川成都青羊小区出土，战国，现藏四川成都博物馆）

图 6-3　擘张图（石刻，汉，四川绵阳三台县安居崖墓）

图 6-4　蹶张图（石刻，汉，四川绵阳三台县安居崖墓）

图 6-5　蹶张图（石刻，汉，四川内江岩山崖墓）

图 6–6 莲池渔猎画像砖（四川绵竹新市镇出土，东汉，现藏四川成都博物馆）

图 6–7 莲池渔猎画像砖（拓片）（四川绵竹新市镇出土，东汉，现藏四川成都博物馆）

图 6-8 狩猎图（拓片）
（画像砖，高 26 厘米，残宽 24.5 厘米，1984 年四川省广汉市雒城镇出土，东汉，现藏四川省广汉市文管所）

图 6-9 狩猎图（拓片）
（画像砖，高 39.6 厘米，宽 45.6 厘米，1972 年四川大邑县安仁乡出土，东汉，现藏四川博物院）

图 6-10 狩猎图（拓片）（画像砖，高 36.6 厘米，宽 46.6 厘米，东汉，四川省邛崃市花牌坊出土，现藏四川博物院）

图 6-11 狩猎图（拓片）（画像砖，高 25.6 厘米，残宽 28 厘米，东汉，现藏四川博物院）

图 6-12 狩猎图（捕鱼）（拓片）（画像砖，高 26 厘米，宽 44 厘米，东汉，现藏四川省广汉市文管所）

图 6-13 狩猎图（采莲、捕鱼）（拓片）（画像砖，高 25 厘米，宽 44 厘米，东汉，现藏四川博物院）

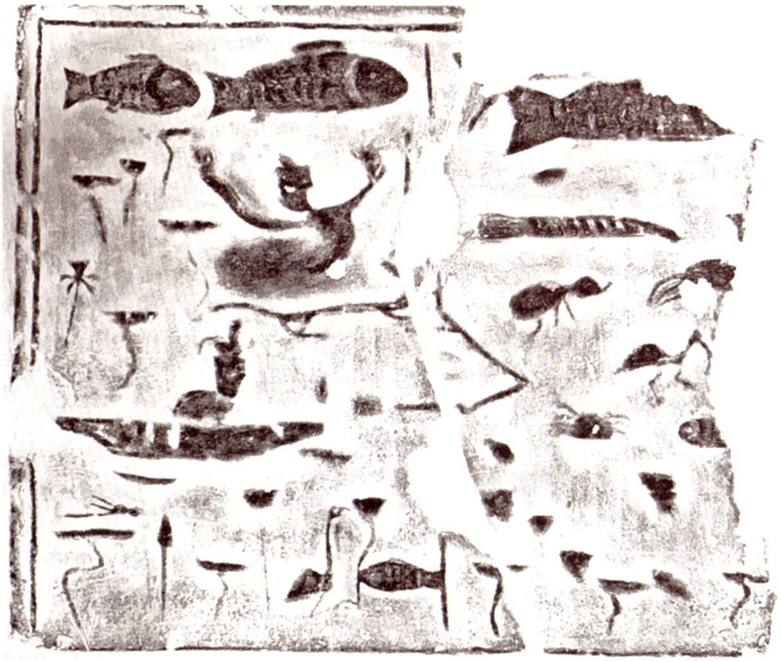

图 6-14 狩猎图（采莲、捕鱼）（拓片）（画像砖，高 33.8 厘米，残宽 41.3 厘米，1978 年四川省成都市新都区马家乡出土，东汉，现藏四川博物院）

图 6–16　击猿图（石刻，汉，四川成都新津崖墓石函）

图 6–17　射虎图（拓片）(画像石，汉，重庆合川濮岩寺石室墓出土)

图 6–15　刺猿图（石刻，汉，
四川成都新津崖墓石棺）

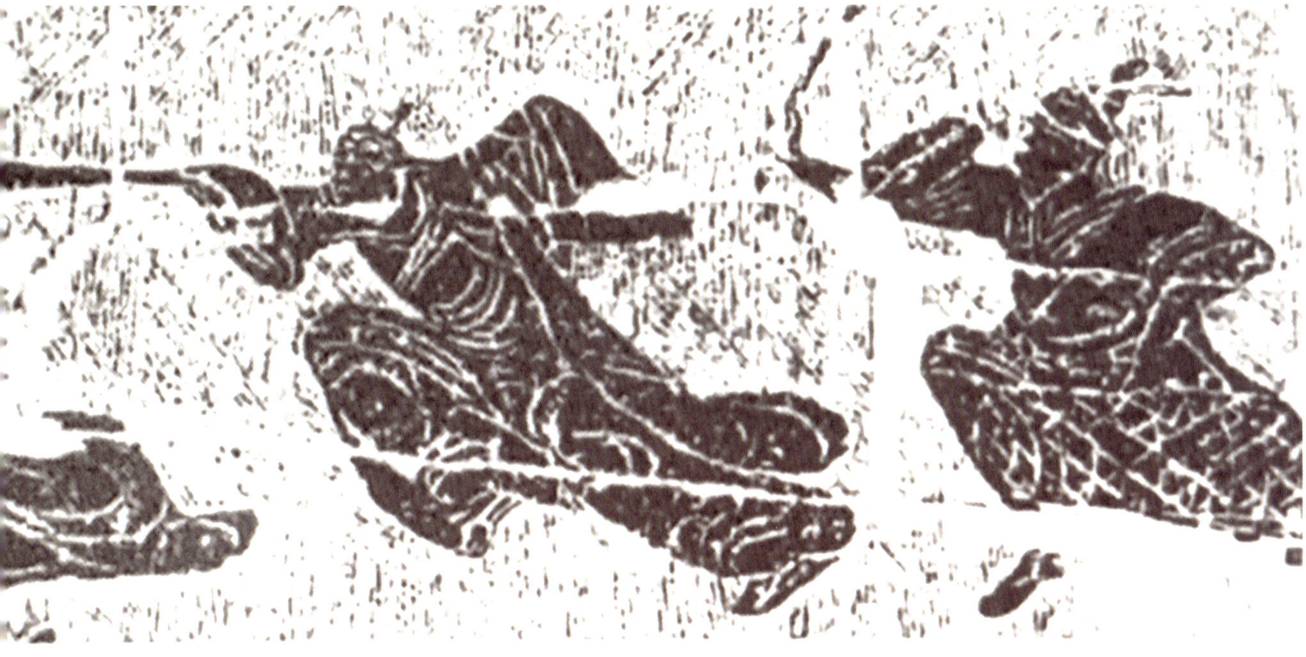

图 6–18 刺猿图（石刻，汉，四川成都新津崖墓石棺）

图 6–19 骑射图（石刻，汉，四川自贡富顺县）

图 6–20 拽虎图（石刻，汉，四川达州渠县蒲家湾无铭阙）

图 6–21　弓射图–1（局部）(唐，西藏古格王宫红殿北壁壁画)

图 6-22　弓射图-2（局部）（唐，西藏古格王宫红殿北壁壁画）

图 6-23　弓射图-3（局部）(唐，西藏古格王宫红殿北壁壁画)

图 6-24　弓射图-4（局部）(唐，西藏古格王宫红殿北壁壁画)

图 6-25　狩猎（石刻，南宋，贵州遵义红花岗区深溪镇杨粲墓出土）

图 6–26　狩猎（唐卡，现藏西藏拉萨市布达拉宫）

图 6–27　狩猎图（11 世纪，西藏阿里地区札达县东嘎寺壁画）

图 6-28 弓射图（局部）（元，西藏江孜县白居寺一层尊胜佛母殿壁画）

图 6-29 狩猎图（跪射）（14 世纪，西藏阿里地区扎达县托林寺壁画）

图 6-30　射术图（西藏阿里地区扎达县托林寺壁画）

图 6-31　佛像中带有弓箭的法器图（15 世纪，西藏阿里古格红殿壁画）

图 6–32 双架马车（局部）(云南省剑川县沙溪兴教寺壁画)

图 6–33 狩猎图（清，西藏拉萨布达拉宫壁画）

图 6–34　狩猎图（清，西藏拉萨小昭寺壁画）

图 6–35　狩猎图（唐卡，清，现藏四川博物院）

图 6-36 射靶、抱石、摔跤（清，西藏拉萨布达拉宫壁画）

图 6-37 骑射（河南洛阳唐墓出土，现藏河南洛阳市博物馆）

图 6–38 狩猎图（五彩瓷器桶瓶）（清，现藏重庆中国三峡博物馆）

图 6-39 弓射（四川三星堆出土，现藏四川成都三星堆博物馆）

二、武艺与武术

纵观西南地区，武术在各民族、各地域以及各个不同的历史时期有不同的称谓，但其所指的实质内容是基本一致的。如商周时期称武术为“力”，春秋战国时期称“角力”，隋唐时期称“武技”，明清时期称“功”，民国时期称“功夫”。

武艺又称功夫，是指完成武术动作所必须具备的人体活动的能力，是完成武技、武艺的基础。武技、武艺又是武功的表现形式。武功、武技和武艺构成了武术运动的三大要素。

武艺既有体育属性，又有文化属性，而且具有综合性、整体性与有机性。它还受中国哲学思想的影响，引导人们进行内在自审。

在西南地区的各类遗物中，有大量生动形象的有关武术文物和相关资料，它们不仅具有自己独特的风格，而功架、姿态、神韵、动感等明显和其他地区有不同之处。因此，对西南地区的武术遗物进行整理和分析，具有十分重要的社会价值。

图 6-40 力士图（石刻，汉，四川三台县郪江崖墓石）

图 6-41 力士图（局部）（宋，西藏托林寺佛本生画传壁画）

图 6-42 力士图（局部）（唐，西藏古格王宫壁画）

图 6-43　石武士像-1（高 154 厘米，南宋，贵州省遵义市红花岗区深溪镇杨粲墓出土）

图 6-44　石武士像-2（高 154 厘米，南宋，贵州省遵义市红花岗区深溪镇杨粲墓出土）

图 6–45　石武士像–3（高 154 厘米，南宋，贵州省遵义市红花岗区深溪镇杨粲墓出土）

图 6–46　石武士像–5（高 154 厘米，南宋，贵州省遵义市红花岗区深溪镇杨粲墓出土）

图 6–47　石武士像–4（高 154 厘米，南宋，贵州省遵义市红花岗区深溪镇杨粲墓出土）

图 6-48　骑马仪仗俑（明，现藏四川成都博物馆）

图 6-49 骑马武士俑-1（云南大理出土，明，现藏云南省大理市博物馆）

图 6-50 骑马武士俑-2（云南大理出土，明，现藏云南省大理市博物馆）

图 6-51　力士图（云南省昆明市晋宁观音洞洞崖壁画）

图 6-52　陶俑（高 33 厘米，铁戟长 46.5 厘米，明，现藏四川博物院）

图 6-53　陶俑（高 34 厘米，铁戟长 49 厘米，明，现藏四川博物院）

图 6–54　陶俑（高 32 厘米，四川省成都市凤凰山逐月嫌墓出土，明，现藏四川博物院）

图 6–55　彩釉陶将军俑（四川成都潘家沟出土，明，现藏四川成都博物馆）

图 6-57　彩釉陶将军俑（四川成都金沙庵出土，明，现藏四川成都博物馆）

图 6-56　彩釉陶将军俑（四川成都龙泉驿区十陵镇出土，明，现藏四川成都博物馆）

图 6-58 彩釉陶武士俑（高 51 厘米，四川省成都市凤凰山朱悦墓出土，明，现藏中国社会科学院考古研究所）

图 6-59 彩釉陶将军俑（四川成都潘家沟出土，明，现藏四川成都博物馆）

图 6-60 彩釉陶将军俑（四川成都龙泉驿区十陵镇出土，明，现藏成都博物馆）

图 6-61　骑马武士俑-1（云南大理出土，明，现藏云南省大理市博物馆）

图 6-62　骑马武士俑-2（云南大理出土，明，现藏云南省大理市博物馆）

图 6-63　骑马武士俑-3（云南大理古城出土，明，现藏云南省大理市博物馆）

图 6-64　武士俑-4（云南大理苍山李氏墓出土，明，现藏云南省大理市博物馆）

图 6-65 说唱俑（汉，现藏四川成都博物馆）

图 6-66 将军（高 45 厘米，宋，现藏四川成都博物馆）

图 6-67 武士俑（云南大理出土，明，现藏云南省大理市博物馆）

图 6-68　彩釉陶将军俑（四川龙泉驿十陵镇出土，明，现藏四川成都博物馆）

图 6-70　猎首纹宝剑（长 28 厘米，云南江川李家墓出土，战国，现藏云南省博物馆）

图 6-71　习武图（拓片）(画像砖，高 24 厘米，宽 39 厘米，1985 年四川省德阳市柏隆乡出土，东汉，现藏四川博物院)

图 6-69　武术图（拓片）(画像砖，高 26.3 厘米，宽 43.8 厘米，东汉，现藏四川博物院)

图 6-72　习武图（拓片）(画像砖，高 31 厘米，宽 23.7 厘米，东汉，现藏四川省彭山县文管所)

图 6-73　武士图（拓片）(画像砖，高 16.8 厘米，宽 30.7 厘米，六朝，现藏四川博物院）

图 6-74　习武图（拓片）(画像砖，高 31 厘米，宽 46 厘米，东汉，现藏四川省彭山县文管所）

图 6-75　对练图（11 世纪，西藏阿里古格壁画）

图 6-76　陶手搏俑（高 11 厘米，现藏四川成都体育学院博物馆）

图 6-77　对练图（11 世纪，西藏阿里古格壁画）

图 6–78 武术图（宋，西藏托林寺白殿南壁壁画）

图 6–79 《少林技击谱》（清，现藏四川博物院）

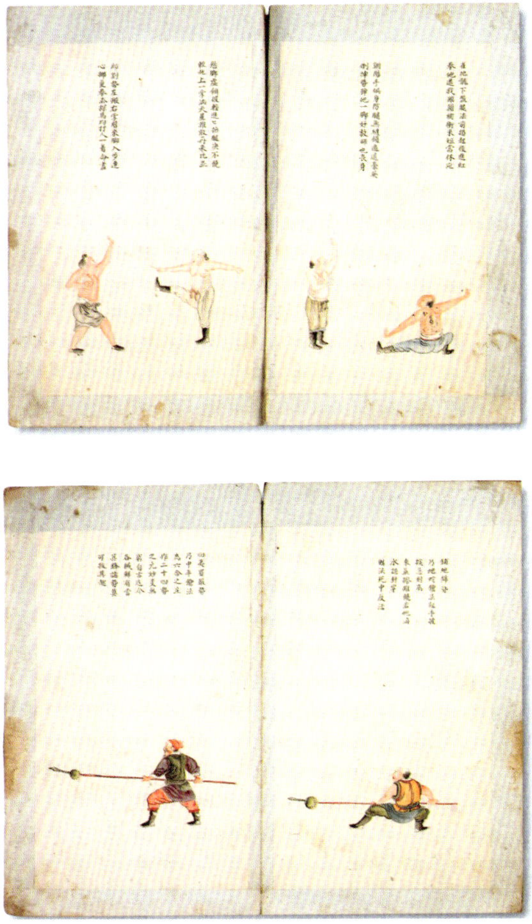

图 6–80 《少林技击谱》册 54 页（清，现藏四川博物院）

三、征战

战争作为一种历史文化现象，对人类的安危、民族的兴衰、国家的存亡、社会的进步与倒退直接产生着重要的影响。古代遗留下来的武器、战场及相关图像等，成为今人与古人对话的重要载体。

军事战争既不是游戏，也不是体育，但它们之间有相同之处。战争是人类发展史上的重要现象，也是武艺、力量、体能和智慧表现的重要载体。西南地区的战争由各氏族、部族、民族之间为了争夺水草牧场和领土，或出于血亲复仇等原因而引起。可以说，自原始社会、秦汉、魏晋、隋唐、辽宋金元、明清时期，战争连绵不断，这在西南地区岩画、墓葬汉画、绘画中描绘的战争场景，还有武士俑、战车和大量的古代征战争时所用的矛、戟、刀、剑、鞭、盾、弓、弩、枪等兵器得以佐证。古代战争给人们既带来灾难，又促进了社会的进步发展。

图 6-81　鎏金女骑士扣饰（青铜器，高 8.5 厘米，云南省昆明市晋宁县石寨山 6 号墓出土，西汉，现藏云南省博物馆）

图 6–82 战争场面贮贝器盖（铜，盖径 30 厘米，云南晋宁县石寨山出土，西汉，现藏云南省博物馆）

图 6–83 铜车马（全长 112 厘米，贵州兴义万屯汉墓出土，汉，现藏贵州省博物馆）

图 6-84　车马出行图（局部）(画像砖，四川成都羊子山 1 号墓出土，汉)

图 6-85　御车出行图（拓片）(画像砖，高 28 厘米，宽 47.5 厘米，1959 年四川省彭州市太平乡出土，东汉，现藏四川博物院)

图 6-86　御车出行图（拓片）(画像砖，高 32 厘米，宽 29 厘米，1989 年四川省彭山县凤鸣乡出土，东汉，现藏四川省彭山县文管所)

图 6–87　御车出行图（拓片）（画像砖，高 41 厘米，宽 45.8 厘米，1955 年四川省成都市新都区新繁镇清白乡出土，东汉，现藏四川博物院）

图 6–88　御车出行图（拓片）（画像砖，高 38.5 厘米，宽 45.6 厘米，1954 年四川省成都市羊子山 1 号墓出土，东汉，现藏重庆市博物馆）

图 6–89　御车出行图（拓片）（画像砖，高 25.5 厘米，宽 40.7 厘米，1953 年四川省德阳市柏隆乡出土，东汉，现藏四川博物院）

图 6–90 御车出行图（拓片）（画像砖，高 41 厘米，宽 47.3 厘米，东汉，现藏四川博物院）

图 6–91 御车出行图（拓片）（画像砖，高 28.5 厘米，宽 48 厘米，1959 年四川省彭州市太平乡出土，东汉，现藏四川博物院）

图 6–92 御车出行图（拓片）（画像砖，高 33.7 厘米，宽 41.3 厘米，1978 年四川省成都市新都区马家乡出土，东汉，现藏四川博物院）

图 6-93 御车出行图（拓片）(画像砖，高 40 厘米，宽 45.5 厘米，1956 年四川省成都市跳蹬河出土，东汉，现藏四川博物院)

图 6-94 御车出行图（拓片）(画像砖，高 28 厘米，宽 48.5 厘米，1959 年四川省彭州市太平乡出土，东汉，现藏四川博物院)

图 6-95 御车出行图（拓片）(画像砖，高 39 厘米，宽 44.5 厘米，1972 年四川省大邑县安仁乡出土，东汉，现藏四川博物院)

图 6–96　御车出行图（拓片）(画像砖，高 26 厘米，宽 43.5 厘米，1984 年四川省广汉市东南乡出土，东汉，现藏四川省广汉市文化馆)

图 6–97　御车出行图（拓片）(画像砖，高 26 厘米，宽 45 厘米，1987 年四川省成都市新都区新民乡出土，东汉，现藏四川省彭山县文管所)

图 6–98　御车出行图（拓片）(画像砖，高 42.5 厘米，宽 46.5 厘米，1955 年四川省成都市新都区新繁镇清白乡 1 号墓出土，东汉，现藏四川博物院)

图 6-99　御车出行图（拓片）（画像砖，高 38.4 厘米，宽 53 厘米，1988 年四川成都大邑县董场出土，三国，现藏四川省大邑县文管所）

图 6-100　出行图（彩绘陶俑，明，现藏贵州省博物馆）

图 6-101 御车出行图（云南大理巍山县巍宝山文昌宫壁画）

图 6-102　彩釉陶侍从俑-1（四川成都潘家沟出土，明，现藏四川成都博物馆）

图 6-103　彩釉陶侍从俑-2（四川成都潘家沟出土，明，现藏四川成都博物馆）

图 6-104　彩釉陶侍从俑-3（四川成都潘家沟出土，明，现藏四川成都博物馆）

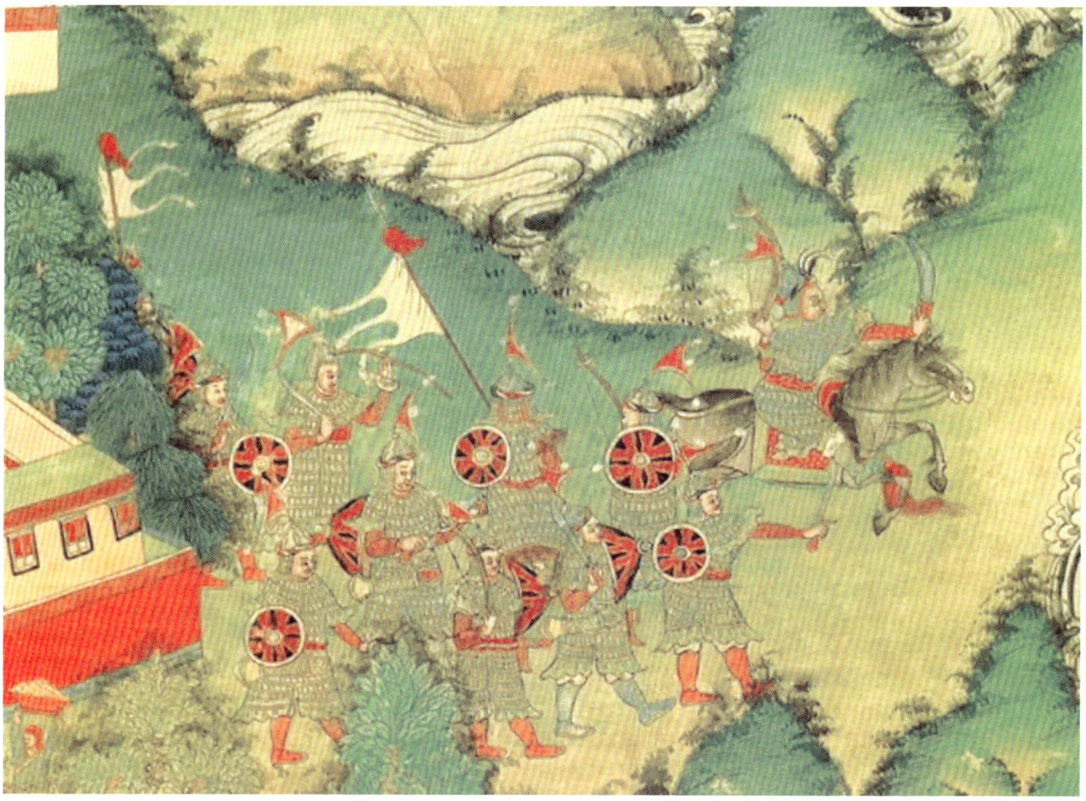

图 6-105　战争图-1（清，现藏西藏拉萨大昭寺）

图 6-106　战争图-2（清，现藏西藏拉萨大昭寺）

图 6-107 女子骑马图（石刻，清，现藏西藏博物馆）

四、跑、跳、投

体育是西南地区人民生活中最常见、最普遍、最有趣味的竞技娱乐活动。竞技体育主要指以赛体力、赛技艺、赛耐力、赛意志、赛拼劲、赛精神为内容的各种形式的竞赛活动。

从人类历史学的视角看，竞技体育的起源与人们的生产活动有着密切的联系。远古时代，西南地区的先民们的生存取决于身体的力量、耐力，因此奔跑、举石、投标等都是为了向大自然索取生活资料。闲暇时，则用嬉戏的形式再现这些活动，以互相传授经验和练习，它几乎是一种本能的冲动和旺盛生命力的体现。随着时代的变迁、岁月的流逝，先民在与大自然的地理环境抗争、与飞禽走兽搏斗的过程中，学会了专门的徒手搏斗技能，无意识地出现了“竞技”的雏形。另外，在原始社会，先民们为了争夺猎物而采取的种种博打行为逐步发展成为一种战争。在这个过程中又不断积累经验，形成了带有竞技性、规则性的军事活动。西南地区先民通过自然崇拜，乞求风调雨顺，祭祀天地神祇，希望通过载歌载舞以唤醒冥冥苍天的慈悯之心。原始社会的歌舞和各种杂要表演，就是祭祀时的娱神活动。可以说，当时西南地区的竞技体育，都是为了一个外在性的祭天唤神的目的，而不是纯粹为了运动本身的快乐体验。到了封建社会，随着社会的文明发展，竞技体育逐步成了人们角逐、健身、愉悦身心的一项真正的体育运动。

图 6-108 奔跑图（拓片）(画像砖，高 25.4 厘米，宽 44 厘米，东汉，现藏四川博物院)

图 6-109　奔跑图（画像砖，高 25 厘米，宽 45 厘米，东汉，现藏四川博物院）

图 6-110　奔跑图（拓片）（画像砖，高 34.5 厘米，宽 55.6 厘米，东汉，现藏四川博物院）

图 6-111　奔跑图（拓片）(画像砖，高 24 厘米，宽 39.4 厘米，1953 年四川省德阳市柏隆乡出土，东汉，现藏四川博物院)

图 6-112　奔跑图（拓片）(西藏拉萨大昭寺壁画)

图 6-113　长跑图（15 世纪，西藏山南地区的扎囊县桑耶镇境内雅鲁藏布江北岸的哈布山下桑耶寺壁画）

图 6-114　征战图（清，西藏拉萨市布达拉宫壁画）

图 6–115　战争图（清，西藏拉萨市布达拉宫壁画）

五、举鼎与举重

早在远古时代，古代原始人类就已经在劳动和生活中积累了一些搬运和举起重物的基本技能。随着生产水平的逐步提高，举重运动就相应产生和发展了。

举鼎在西南地区有着悠久的历史。早在春秋战国时期，人们就讲究用力、负重、举重物等活动，当时人们对力气大的人十分崇敬。

古代把双手举东西称为“扛”。“杠鼎”即用双手把鼎举起来。鼎是一种三足两耳的铜制金属器具，用来烹调牲畜以供祭祀。“杠鼎”有单手举和双手举两种方法。两汉时期，举重得到了进一步的发展，出现了举鼎、舞轮、掇石等新的举重形式。当时的“百戏”中，也有举重活动。唐朝推行的武举制，更是促进了举重的发展。当时武科考试列“翘关”与“负重”为测试项目，从制度上肯定了力量在武艺中的重要作用，极大地推动和促进了西南地区举重活动的开展。宋元至明清时期，举重不仅继续成为武举（选）取士的重要考核项目之一，而且出现了石制的举重器械和新的举重形式，如举石担、石锁、掇石墩、举石球、举石狮、抱石等。随着宋代瓦舍构栏的出现，西南地区的民间举重活动得到了更为广泛地开展。西南地区现存的石窟壁画、墓葬壁画砖、西藏壁画中均有举重的形象化表现。

图 6-116　武士红陶俑（高 100 厘米，东汉，现藏于四川乐山崖墓博物馆）

图 6–117　力士形象石座（四川成都金堂李家梁子汉墓出土，东汉，现藏四川成都博物馆）

图 6–119　力士图（石雕，东汉，四川雅安姚桥高头墓前）

图 6–118　举重图（吐蕃，西藏阿里东嘎壁画窟壁画）

图 6–120　举重图（拓片）（宋，西藏东嘎石窟 1 号窟藻井壁画）

图 6-121　举重图（拓片）（宋，西藏托林寺白殿西壁壁画）

图 6-122　举重图（拓片）（宋，西藏东嘎石窟 1 号窟藻井壁画）

图 6-123　举重图（拓片）（宋，西藏东嘎石窟 1 号窟北壁壁画）

图 6–125　托举石像（高 127 厘米，南宋，贵州遵义市红花岗区深溪镇杨粲墓出土）

图 6–124　举重图（石刻，现藏重庆中国三峡博物馆）

图 6–126　力士图（承柱力士）（15 世纪，西藏阿里地区扎达县托林寺壁画）

图 6–127　力士图（宋，西藏阿里地区扎达县托林寺壁画）

图 6-128　石锁（清，现藏四川成都体育学院博物馆）

图 6-129　武功石（清，现藏四川成都体育学院博物馆）

图 6-130　百戏图（搬石竞赛）（清，西藏拉萨市布达拉宫壁画）

图 6–131　百戏图（搬石竞赛）（西藏拉萨市大昭寺壁画局部）

图 6–132　七名大力士举象、扔鹿（清，西藏拉萨市布达拉宫壁画）

图 6-133 背石（清，西藏拉萨市布达拉宫壁画）

六、百戏与技巧

百戏又称散乐，其历史悠久，流传广泛，是西南地区深受民众喜欢的表演艺术形式。文献记载，角抵百戏于春秋战国时期兴起，到汉代蔚为大观。关于它的起源，历来有两种说法：一说是源于军中的“讲武之礼”，即是在军队武术操演和竞技活动的基础上发展起来的；另一说认为起源于民间的蚩尤戏。百戏之“百”者，多也，可见其包容丰富。《后汉书·西南夷传》记载，大秦国“俗多奇幻，口中吐火，自缚自解，跳十二丸巧妙”。外传的杂技甚为丰富：有“安息五案”，安息即今伊朗；有“都卢寻橦”，都卢为缅甸国，可见竿技与都卢国有密切的关系；有“水人弄蛇”，弄蛇是印度擅长的杂技；此外，还有幻术等。西域及南亚各国技艺的东来，人们兼收并蓄，致使百戏日臻完善，并自成体系。

图 6–134　百戏图（三枝灯俑）（青铜器，高 42 厘米，东汉，现藏云南省博物馆）

图 6–135　百戏图（画像砖，汉，四川成都羊子山）

图 6–136　倒立俑（汉，现藏四川成都体育学院博物馆）

图 6–137　百戏图（倒立陶俑）（清，现藏四川成都体育学院博物馆）

图 6-138　跳丸图（倒立）（石刻，四川宜宾白沙石棺）

图 6-139　四川宜宾长宁县七个洞崖墓石刻

图 6-140　杂技画像石（高 70 厘米，宽 190 厘米，东汉，现藏重庆市永川区文物管理所）

图 6–141　百戏图（丸剑）（拓片）（画像砖，高 38 厘米，宽 44.7 厘米，1972 年四川省大邑县安仁镇出土，东汉，现藏四川博物院）

图 6–142　百戏图（跳丸弄剑）（拓片）（画像砖，高 26 厘米，宽 44.5 厘米，东汉，现藏四川省广汉市文化馆）

图 6–143　跳丸图（石刻，汉，四川宜宾江安 3 号石棺）

图 6–144　掷剑图（石刻，汉，四川宜宾江安县）

图 6–145　跳丸图（石刻，汉，重庆璧山县 1 号石棺）

图 6–146　百戏图（七盘舞杂技）（画像砖，东汉，现藏四川博物院）

图 6-147　百戏图（画像砖，汉，现藏四川三星堆博物馆）

图 6-148　百戏图（拓片）（画像砖，高 26 厘米，宽 44.5 厘米，东汉，现藏四川省广汉市文管所）

图 6-149　百戏图（击壤图搏击）（拓片）（画像砖，高 25.3 厘米，宽 44.5 厘米，东汉，现藏四川省彭山县文管所）

图 6-150　角抵漫衍（水嬉）（画像石，汉，四川郫县）

图 6-151　百戏图（角抵戏东海黄公）（拓片）（画像石，1954 年四川羊子山西汉墓葬群出土）

图 6-152　百戏图（拓片）（画像砖，高 13.7 厘米，宽 41.3 厘米，1952 年四川省德阳市黄许镇出土，东汉，现藏重庆市博物馆）

图 6-153 百戏图（立人铜灯）（重庆奉节永安镇遗址出土，汉，现藏重庆中国三峡博物馆）

图 6-154 戏鹿图（画像砖，汉，四川成都新区）

图 6-155　盘舞杂技（画像砖，高 22.3 厘米，宽 32 厘米，东汉，现藏四川省广汉市文化馆）

图 6-156　百戏图（说唱俑—击鼓式）（陶器，通高 66.5 厘米，1963 年四川郫县宋家林砖室墓出土，东汉，现藏四川博物院）

图 6-157　俳优陶俑（说唱俑—站立式）（现藏四川成都博物馆，俳优俑憨态可掬，呈开怀大笑状，表情幽默、传神）

图 6–158　百戏图（说唱俑—击鼓式）（陶器，通高 66.5 厘米，1963 年四川省郫县宋家林砖室墓出土，东汉，现藏四川博物院）

图 6–159　百戏图（说唱俑—击鼓式）（陶器，通高 66.5 厘米，1963 年四川郫县宋家林砖室墓出土，东汉，现藏四川博物院）

图 6-161　百戏图（说唱俑—弹奏式）（陶器，通高 66.5 厘米，1963 年四川郫县宋家林砖室墓出土，东汉，现藏四川博物院）

图 6-160　百戏图（童子对棍）（漆盘，安徽马鞍山朱然墓出土。童子对棍图漆盘外底有铭文“蜀郡作牢”四字，表明它是当时蜀郡的产品）

图 6-162　倒立图-1（吐蕃，西藏阿里东嘎寺壁画窟壁画）

图 6-164　倒立图-3（吐蕃，西藏阿里东嘎寺壁画窟壁画）

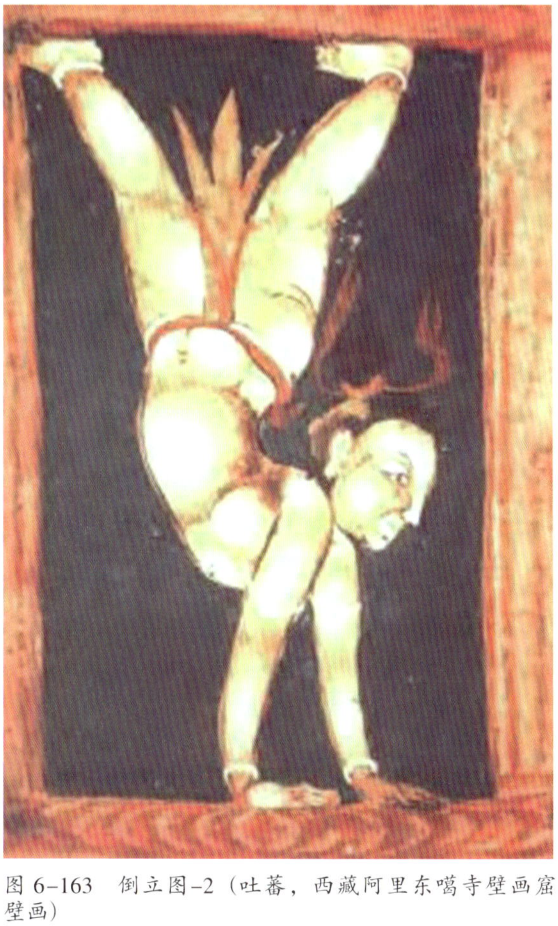

图 6-163　倒立图-2（吐蕃，西藏阿里东嘎寺壁画窟壁画）

图 6-165　倒立图-4（局部）（宋，西藏东嘎石窟 1 号窟北壁壁画）

图 6-167　体前屈（局部）（宋，西藏东嘎石窟 1 号窟壁画）

图 6-166　百戏图（倒立）（10 世纪，西藏阿里古格王宫遗址天顶壁画）

图 6-168　百戏图（舞狮）（局部）（7 世纪，西藏拉萨市大昭寺西壁壁画）

图 6-169 骑士青花瓷瓶（高 37.4 厘米，口径 5.4 厘米，足径 11.5 厘米，盖口径 10.1 厘米，明，现藏四川成都博物馆）

图 6-170 百戏图（西藏古格王朝红殿壁画中的舞狮场景）

图 6-171 说唱图（清，西藏拉萨大昭寺壁画）

图 6-172　仿勾龙爽尧民击壤图（清，现藏四川博物院）

图 6-173　百戏图（橦技）（11 世纪，西藏阿里古格壁画）

七、角抵与摔跤

在西南地区古代体育形成和衍演的历史长河中，角抵是一种较量臂力、演练搏斗技巧的赛事竞技活动。角抵勃发于秦，盛于汉，其渊源又可上溯到原始社会时期，当时就已经产生了再现原始人战斗场面的武舞。这种武舞，具有颂扬武功的功能。到春秋时期，在原始武舞的基础上形成了演练搏斗、摔跤、擒拿等技巧的“相搏”比赛。角抵与摔跤传承至唐宋明清，一直活跃于西南地区的盛典和民间的赛会之中。

在滇黔地区的民俗活动中，在巴蜀地区的各种祭祀中，在西藏地区的各种佛事活动中都能见到角抵与摔跤的历史见证。

图 6-174　胡人相扑俑-1（砖雕，宋，现藏四川成都体育学院博物馆）

图 6–175 胡人相扑俑–2（砖雕，宋，现藏四川成都体育学院博物馆）

图 6–176 胡人相扑俑–3（砖雕，宋，现藏四川成都体育学院博物馆）

图 6–177 胡人相扑俑–4（砖雕，宋，现藏四川成都体育学院博物馆）

图 6-178　角抵俑（汉，现藏四川成都体育学院博物馆）

图 6-179　百戏图（小儿相抱）（瓷玩具，高 6.4 厘米，1953 年四川省邛崃市邛窑遗址出土，宋，现藏四川博物院）

图 6-180　摔跤图（局部）（7 世纪，西藏拉萨市大昭寺西壁壁画）

图 6–181　摔跤图（8 世纪，现藏西藏扎囊县桑耶镇桑耶寺壁画）

图 6–182　摔跤图（局部）（宋，西藏东嘎石窟 1 号窟东壁壁画）

图 6–183　摔跤图（局部）(清，西藏拉萨布达拉宫壁画)

图 6–184　摔跤、骑马（清，现藏西藏桑耶寺）

图 6-185 摔跤图（唐卡，现藏台湾省台北故宫博物院）

八、蹴鞠与捶丸

西南地区的蹴鞠从地理和时间的历史空间来看，它自两汉时期就得以风行，并成为汉代重要的军事训练和提高将士身体素质及愉悦身心的重要手段。

东汉时期，民间的蹴鞠活动已经普遍发展起来，并已成为寒食节的一项重要娱乐活动。这可由四川地区出土的汉代墓画像石反映出来。

至唐代，蹴鞠有了更大的发展与成熟，鞠由过去“以革皮为之，中实以毛”的实心球，改为“以胞为里，嘘气闭而蹴之”的充气球。参与蹴鞠活动的人众遍布各个阶层，上至达官贵族，下至市井小民，无不喜欢蹴鞠，而且妇女也跻身其间，并涌现出蹴艺颇高之辈。同时蹴鞠的发展出深受当时西南地区社会文化的影响，尤其是蹴鞠长期在儒家文化的浸润之下，由竞争逐步走向文雅，由对抗逐步走向表演。

除文献记载的有关蹴鞠发展演变的历史之外，西南地区还遗存了不少蹴鞠文物，如画像石刻、铜镜、雕刻、陶瓷、壁画等。

捶丸，捶，即击打；丸，即球。可以说，捶丸就是以棒击球入穴的游戏。捶丸所用的棒，有撺棒、朴棒、杓棒、单手、鹰嘴等多种类型。元代是捶丸成熟的时期，首先，元代出现了关于打球的专著《丸经》。该书共 32 章，不仅讲述了捶丸的起源、意义、内容和方法，也介绍了捶丸的规则和对道德品质的要求。其中，因地章、择利章、正仪章介绍了捶丸游戏的场地标准；试艺章、权舆章、制器章、取材章介绍的是捶丸游戏所用的球棒和器材用具的制造；审视章、取友章、衍数章、运筹章、制财章讲述的是捶丸游戏的选时、分组及资金如

图 6-186　蹴鞠图（童子抱鞠）（彩绘俑，高 30.2 厘米，宋，现藏四川成都体育学院博物馆。呈坐地裸头，身着圆领宽袖罗衫，左脚着靴，右脚光脚，双手抱鞠）

何筹集；定基章、置序章、记止章、决胜章、出奇章、适宜章、处用章、观形章、集智章、举要章、知己章、守中章讲述了捶丸游戏的打法和活动规则；还有承式章、崇古章、善行章、宁志章、玩心章、贵和章、待傲章、知人章讲述了捶丸游戏对参与者道德作风的要求以及如何利用游戏达到修身养性的目的。《丸经》的出现从捶丸游戏的形式上结束了长达数百年没有统一游戏规则的历史，是一份不可多得的珍贵史料。在西南地区可见到类似捶丸活动的文物。

图 6-187　蹴鞠图（椭圆形枕）（磁州窑，白底黑彩，长 31 厘米，宽 21 厘米，高 10 厘米，金，现藏四川成都体育学院博物馆）

图 6–188　顾洛君臣蹴鞠图轴（清，现藏四川博物院。宋太祖赵匡胤、宋太宗赵光义与大臣赵普、郑恩、楚昭辅、石守信六人踢球场景）

图 6–189　玻璃珠（直径 2 厘米，战国，现藏重庆中国三峡博物馆）

图 6–190　彩色琉璃珠（战国，现藏重庆中国三峡博物馆）

图 6–191　瘿木捶丸（宋，现藏四川成都体育学院博物馆）

图 6-192　蹴鞠（绞胎捶丸球）（直径约 5 厘米，黑白两色，宋，现藏四川成都体育学院博物馆）

图 6-193　捶丸（陶珠）（四川眉山三苏祠出土，宋，现藏四川省文物考古研究院）

图 6-194　陶捶丸-1（直径 2.9 厘米，1975 年四川省邛崃市邛窑遗址出土，宋，现藏四川博物院）

图 6-195　陶捶丸-2（直径 3.1 厘米，1975 年四川省邛崃市邛窑遗址出土，宋，现藏四川博物院）

图 6-196　陶捶丸-3（直径 3.3 厘米，1975 年四川省邛崃市邛窑遗址出土，宋，现藏四川博物院）

图 6-197　陶捶丸-4（直径 4.2 厘米，宋，现藏四川博物院）

图 6-198　陶捶丸-5（直径 1.8 厘米，1975 年四川省邛崃市邛窑遗址出土，宋，现藏四川博物院）

图 6-199　打马球图（汉砖，四川成都平原地区出土）

图 6-200　仕女打马球佣-1（唐，现藏四川成都体育学院博物馆）

图 6-201　仕女打马球佣-2（唐，现藏四川成都体育学院博物馆）

九、嬉水与竞渡

水嬉今称游泳，在我国具有悠久的历史，它是人们生存必备的一种能力。《诗经》《庄子·达生篇》《左传》《晏子春秋》等文献中都记载了水嬉在人们生活中的重要作用。

隋唐五代时期，水嬉活动在西南地区广受人们的喜爱，游泳技术也得到了空前的发展与提高。

除以上文献等对水嬉描述之外，还可以从西南地区出土文物中看到游泳场景。西藏布达拉宫和日喀则札什伦布寺，以及滇、巴蜀地区也都能看到水嬉的形态。

端午赛龙舟也是一项古老而富有特色的节日娱乐活动。赛龙舟也称竞渡，至晚在南北朝时期已经非常盛行。据《荆楚岁时记》载："是日，竞渡，采杂药。按：五月五日竞渡，俗为屈原投汨罗日，伤其死，故并命舟楫以拯之。"西南地区广大民众在端午之日，举行龙舟竞渡，以纪念屈原。

图 6-202　游泳赛图（壁画，宋，西藏阿里地区扎达县托林寺）

图 6-203　游泳图（壁画，10 世纪，现藏西藏阿里地区扎达县托林寺）

图 6-204　游泳射箭图（14 世纪，西藏夏鲁寺壁画）

图 6-205　游泳图（局部）（清，西藏拉萨市布达拉宫壁画）

图 6-206　竞渡图（广南羽人船纹鼓）（青铜器，高 46 厘米，1919 年云南省文山壮族苗族自治州广南县阿章寨出土，西汉，现藏云南省博物馆）

图 6-207　竞渡图（局部）（广南羽人船纹鼓）（青铜器，高 46 厘米，1919 年云南省文山壮族苗族自治州广南县阿章寨出土，西汉，现藏云南省博物馆）

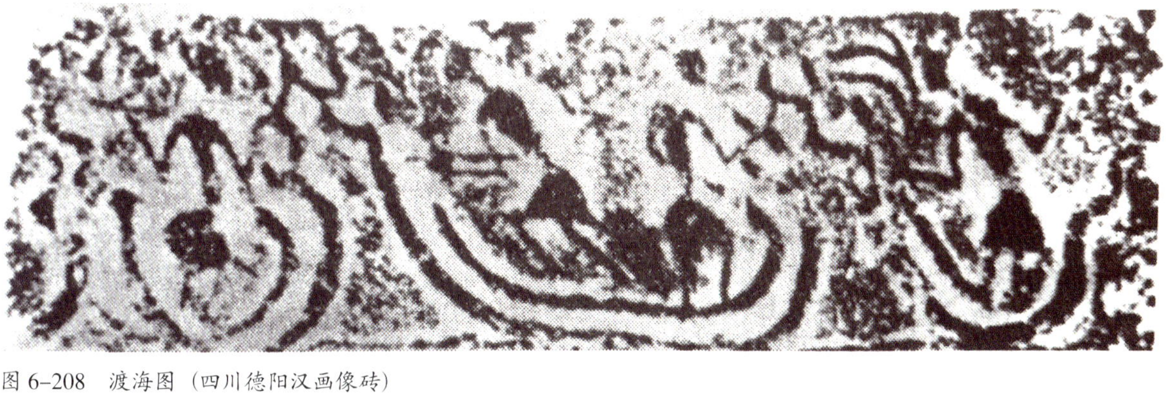

图 6-208　渡海图（四川德阳汉画像砖）

图 6–209　放筏图（四川新都汉画像砖）

图 6–210　游戏船图（铜鼓雕刻，云南晋宁石寨山出土）

图 6–211　龙舟竞渡图（无款洛神轻舟图轴，纵 271 厘米，横 94.8 厘米，绢本，南宋，现藏贵州省博物馆）

图 6-212 操舟图（清，西藏拉萨市布达拉宫壁画）

十、御术与马术

传说将车马相结合创造出战车是黄帝所为，故而，古人将这位祖先称之“轩辕”。轩辕者，车也。《史记·五帝本纪》载：“帝晓彤乘白马。”说明当时车马已进入人们的生活之中。而驾驭战车的技能在西周时期就列为学校“六艺”教育的内容之一，称之为“御”，并与礼、乐之教相融合，成为当时我国体育教育的重要组成部分。因此，“御车”之技，包含丰富的体育思想和体育竞技特征。“御车”也是西南地区开展“六艺”教育的主要内容和使用战车进行征战的主要武器，这从四川和重庆出土的画像石（砖）中得以佐证。

御车活动的发展，不仅培养了人的顽强意志和拼搏的体育精神，而且也让人们充分认识到参加竞赛活动必须要具备良好的心理素质。

马术广义指马伎，兼指各种动物的表演，甚至包括人表演的杂技。狭义的马伎，则专指以马为中心的表演。“马伎”一词在汉代已见诸文献。从西南地区的壁画和绘画中均可见到形象丰富的马术活动。

图 6-213　吏史图（二人）（画像砖，高 25 厘米，宽 44.3 厘米，1984 年四川省广汉市新东南乡出土，东汉，现藏四川省广汉市文化馆）

图 6-214　吏史图（二人）（画像砖，高 33.5 厘米，宽 41.2 厘米，1978 年四川省成都市新都区马家乡出土，东汉，现藏四川博物院）

图 6-215　吏史图（三人）（画像砖，高 28.2 厘米，宽 48 厘米，1959 年四川省彭州市太平乡出土，东汉，现藏四川博物院）

图 6-216　吏史图（四人）（画像砖，高 24 厘米，宽 39.1 厘米，1953 年四川省德阳市柏隆乡出土，东汉，现藏四川博物院）

图 6-217　吏史图（三人）（画像砖，高 33.5 厘米，宽 42 厘米，1978 年四川省成都市新都区马家乡出土，东汉，现藏四川博物院）

图 6-218　吏史图（四骑吏手持棨戟）（拓片）（画像砖，高 41 厘米，宽 49 厘米，1954 年四川省成都市羊子山 1 号墓出土，东汉，现藏重庆博物馆）

图 6–219 吏史图（四人）（画像砖，高 40 厘米，宽 46 厘米，1972 年四川省大邑县安仁乡出土，东汉，现藏四川博物院）

图 6–220 凯旋图（局部）（云南大理巍山县巍宝山长春洞石屏罗色庙壁画）

图 6-221　出师图（7 世纪，云南大理巍山县巍宝山长春洞石屏罗色庙壁画）

图 6–222　骑士铜扣饰（长 10 厘米，宽 9.5 厘米，西汉，现藏云南省博物馆）

图 6–223　赛马图（局部）（7 世纪，西藏拉萨市大昭寺西壁壁画）

图 6-224　赛马图（8 世纪，西藏扎囊县桑耶镇桑耶寺壁画）

图 6-225　出行图（清，云南巍山巍宝山长春洞道观壁画）

图 6–226　赛马图（清，现藏四川博物院）

图 6–227　赛马图（局部）（清，现藏四川博物院）

图 6-228　马术（清，西藏拉萨市布达拉宫壁画）

图 6-229　射箭、赛马（清，西藏拉萨市布达拉宫壁画）

十一、乐舞

西南地区考古出土的大量文物和现存的墓葬砖画、石窟壁画中保存有丰富的乐舞资料，其所呈现的舞姿及特征，不仅为西南地区乐舞文化发展的历史提供了具体的例证，而且也为现代舞蹈提供了生动的形象，使人们也能体悟出西南地区的乐舞实质上就是古人的生存之“道”，追求的是生活中的审美感受，在审美的体验中追求生活的真义。

西南地区乐舞的舞姿形态主要有“健舞”“软舞”等，动作刚劲雄健、节奏明快、气势粗犷。竞技性强的称“健舞”，如剑器舞、胡旋舞、胡腾舞、柘技舞、达摩支、蹴鞠舞等；凡动作舒缓飘逸、柔媚抒情、轻盈缤纷的称“软舞”，如袖舞、巾舞、绿腰、霓裳羽衣等。软舞中有不少双手挥舞长锦带，锦带在其周身左右回旋，上下飘举。透过变化无穷的绸花，传达出舞姿的形态。

从西南地区出土的汉画、舞俑、绘画等文物资料中，可以看出西南各地区古代各民族举行乐舞表演的场景。

图 6-230　镶石舞人圆形铜扣饰（直径 7.1 厘米，云南省江川县龙街镇温泉村李家山 24 号墓出土，战国；扣饰正中嵌玛瑙珠及绿松石小珠，其外透雕人像共 18 人）

图 6-231　圆形鸟喙舞蹈人纹铜扣饰（直径 15.5 厘米，西汉，现藏云南省博物馆）

图 6–232 四舞铜鼓俑（通高 26 厘米，俑高 13 厘米，面径 20.5 厘米，云南省江川县龙街镇温泉村李家山出土，现藏李家山青铜博物馆）

图 6–233 鎏金双人盘舞铜扣饰（高 12 厘米，宽 18.5 厘米，云南省昆明市晋宁县石寨山 13 号墓出土）

图 6-234　四人铃舞鎏金铜扣饰（高 11.4 厘米，宽 14 厘米，四人横排站立作舞蹈状，云南省昆明市晋宁县石寨山 13 号墓出土）

图 6-235　鎏金八人乐舞扣饰（高 9.5 厘米，宽 13 厘米，云南省昆明市晋宁县石寨山 13 号墓出土；呈长形，鎏金，其背面有一矩齿扣，正面反映饮乐歌舞的情景）

图 6–236　四人乐舞（铜俑，高 9 厘米，云南省昆明市晋宁县石寨山 17 号墓出土）

图 6–237　嵌错宴乐攻战纹铜壶（口径 13.2 厘米，高 40.3 厘米，第一层习射和采桑，第二层宴乐战舞，1965 年四川省成都市百花潭中学 10 号墓出土，战国）

图 6–238　羽人舞锥形铜器盖（直径 54 厘米，现藏云南省博物馆）

图 6–239　乐舞图（女陶俑，高 12.5 厘米，1972 年贵州省毕节市黔西罗布夸 12 号东汉墓出土，现藏贵州省博物馆）

图 6-240　抚琴男俑（高 26.7 厘米，四川彭山砦子山墓出土，东汉，现藏江苏南京博物院）

图 6-241　抚琴图（石刻，汉，现藏重庆中国三峡博物馆）

图 6-242　说唱俑（汉，现藏四川成都博物馆）

图 6-243　吹笛陶俑（成都市六一一所汉墓出土，汉代，现藏四川成都博物馆）

图 6-244　击鼓陶俑（高 56.3 厘米，四川成都天回山 3 号崖墓出土，东汉，现藏四川博物院）

图 6-245　吹奏陶俑（汉，现藏四川成都博物馆）

图 6-246　抚琴图（石刻，贵州黔西出土，宋，现藏贵州省博物馆）

图 6-247　乐舞图（彩绘贴金石雕乐伎）（框高 30 厘米，前蜀，四川省成都市王建永陵出土）

图 6-248　乐舞图（画像砖，高 7.8 厘米，宽 24 厘米，东汉，现藏四川省广汉市文化馆）

图 6–249　乐舞图（画像砖，高 30.5 厘米，宽 46 厘米，东汉，现藏四川省彭山县文管所）

图 6–250　乐舞图（吹竽）（拓片）（画像砖，高 24.6 厘米，宽 29.5 厘米，四川省成都市郊出土，东汉，现藏四川博物院）

图 6-251 乐舞图（吹竽）（拓片）（画像砖，高 24.6 厘米，宽 29.5 厘米，四川省成都市郊出土，东汉，现藏四川博物院）

图 6-252 乐舞图（拓片）（画像砖，高 17.2 厘米，宽 31.2 厘米，东汉，现藏四川博物院）

图 6-253 乐舞图（画像砖，高 49 厘米，宽 27.5 厘米，东汉，现藏四川省成都市新都区文管所）

图 6–254 杂技图（巴人舞）（重庆璧山县汉画像石）

图 6–255 乐舞图（骑吹）（画像砖，汉，四川成都新都区）

图 6–256 剑舞（拓片）（画像石，重庆合川濮岩寺石室墓出土，汉）

图 6–257　乐舞图（泥质红陶俑，长 30.5 厘米，宽 19.7 厘米，高 53.8 厘米，1990 年四川绵阳市城郊乡何家山 2 号崖墓出土，东汉，现藏四川绵阳博物馆）

图 6-258 舞乐图（模制浅浮雕）（画像砖，长 48.4 厘米，宽 28.7 厘米，1956 年四川省彭州市太平乡出土，东汉，现藏四川博物院）

图 6-259 乐舞图（裸舞）（西藏古格王国曼陀罗殿壁画）

图 6-260　乐舞图（裸舞）（西藏古格王国曼陀罗殿壁画）

图 6-261　乐舞图（蛇女）（西藏古格王国曼陀罗殿壁画）

图 6-262 乐舞图（西藏古格王国曼陀罗殿壁画）

图 6-263 乐舞图（吐蕃，西藏扎囊县桑耶镇桑耶寺壁画）

图 6-264　舞蹈图（吐蕃，西藏扎囊县桑耶镇桑耶寺壁画）

图 6–265　乐舞图（胡人男舞）（彩绘陶俑，四川省成都市龙泉驿区赵廷隐墓出土，后蜀，现藏四川成都博物馆）

图 6–266　乐舞图（男舞）（彩绘陶俑，四川省成都市龙泉驿区赵廷隐墓出土，后蜀，现藏四川成都博物馆）

图 6–267　吹奏俑武士俑（云南大理苍山李氏墓出土，明，现藏云南大理市博物馆）

图 6-268　吹奏武士俑（云南大理苍山李氏墓出土，明，现藏云南省大理市博物馆）

图 6-269　击鼓俑（云南大理出土，明，现藏云南省博物馆）

图 6-270　乐舞图（拓枝舞）（彩绘陶俑，四川成都龙泉驿赵廷隐墓出土，后蜀，现藏四川成都博物馆）

图 6-271　击鼓彩绘陶俑（后蜀，四川成都龙泉驿赵廷隐墓出土，现藏四川成都博物馆）

图 6-272　吹笙彩绘陶俑（四川成都龙泉驿赵延隐墓出土，后蜀，现藏四川成都博物馆）

图 6-273　吹笛彩绘陶男俑（四川成都龙泉驿赵延隐墓出土，后蜀，现藏四川成都博物馆）

图 6–274　吹笛彩绘陶俑（四川成都龙泉驿赵廷隐墓出土，后蜀，现藏四川成都博物馆）

图 6–275　吹排箫彩绘陶俑（四川成都龙泉驿赵廷隐墓出土，后蜀，现藏四川成都博物馆）

图 6-276 琵琶彩绘陶俑（四川成都龙泉驿赵延隐墓出土，后蜀，现藏四川成都博物馆）

图 6-277 吹筚篥彩绘陶俑（四川成都龙泉驿赵延隐墓出土，后蜀，现藏四川成都博物馆）

图 6-278　乐舞图（彩绘贴金石雕舞伎）（框高 30 厘米，四川成都王建永陵出土，前蜀）

图 6-279　乐舞图（彩绘贴金石雕乐伎）（框高 30 厘米，四川成都王建永陵出土，前蜀）

图 6-280　唐人宫乐图（现藏台湾省台北故宫博物院，四人组合即吹箫仕女及伴奏，古筝、琵琶、筚篥，行酒令二人组，品茗三人组）

图 6-281　乐舞图（8 世纪，西藏扎囊县桑耶镇桑耶寺壁画）

图 6-282　百花女神（云南沧源广允缅寺壁画局部）

图 6-283　乐舞（婴戏玉坠）（高5.5 厘米，宽 4.9 厘米，1981 年四川广汉和兴联合七社宋代窖藏出土，宋，现藏四川三星堆博物馆）

图 6-284　乐舞图-1（宋，西藏阿里地区扎达县托林寺壁画）

图 6-285　乐舞图-2（宋，西藏阿里地区扎达县托林寺壁画）

图 6-287　乐舞图-2（10 世纪，西藏阿里地区扎达县托林寺十六金刚舞女壁画）

图 6-286　乐舞图-1（10 世纪，西藏阿里地区扎达县托林寺十六金刚舞女壁画）

图 6-288　乐舞图-3（宋，西藏阿里地区扎达县托林寺壁画）

图 6-289　乐舞图-4（宋，西藏阿里地区扎达县托林寺壁画）

图 6-290　乐舞图-5（10 世纪，西藏阿里地区扎达县托林寺壁画）

图 6-291　乐舞图-6（宋，西藏阿里地区扎达县托林寺壁画）

图 6-292　乐舞图（宋，西藏夏鲁寺壁画）

图 6–293 飞天–1（宋，西藏东嘎石窟 2 号窟北壁壁画）

图 6–294 飞天–2（宋，西藏东嘎石窟 2 号窟北壁壁画）

图 6-295　乐舞图（宋，西藏托林寺都康大殿东壁壁画局部）

图 6-296　舞剑图（《帕木竹巴像》布画唐卡，长 133 厘米，宽 116 厘米，宋，现藏西藏山南桑日县江乡日岗村丹萨替寺）

图 6-297　乐舞图（14 世纪，西藏日喀则市夏鲁寺壁画）

图 6-298　乐舞图（石像，贵州省遵义市红花岗区深溪镇杨粲墓出土，南宋）

图 6-299　乐舞图（局部）（元，西藏白居寺一层净土殿壁画）

图 6-300　乐舞图（明，云南省丽江市白沙大宝积宫壁画）

图 6–301　乐舞图（明，四川省甘孜藏族自治州色达县东嘎寺壁画）

图 6–302　仪仗釉陶俑（高 32 厘米，四川成都凤凰山朱悦墓出土，明，现藏中国社会科学院考古研究所）

图 6-303　舞蹈图（石刻，明，现藏西藏博物馆）

图 6-304　乐舞图（舞仙）(15 世纪，西藏日喀则市江孜县白居寺壁画)

图 6–305　乐舞图（15 世纪，西藏日喀则市江孜县白居寺壁画）

图 6–306　舞图（17 世纪，西藏拉萨市布达拉宫壁画）

图 6–307　乐舞图（清，现藏西藏拉萨市布达拉宫壁画）

图 6-308　乐舞图（清，西藏拉萨市布达拉宫壁画）

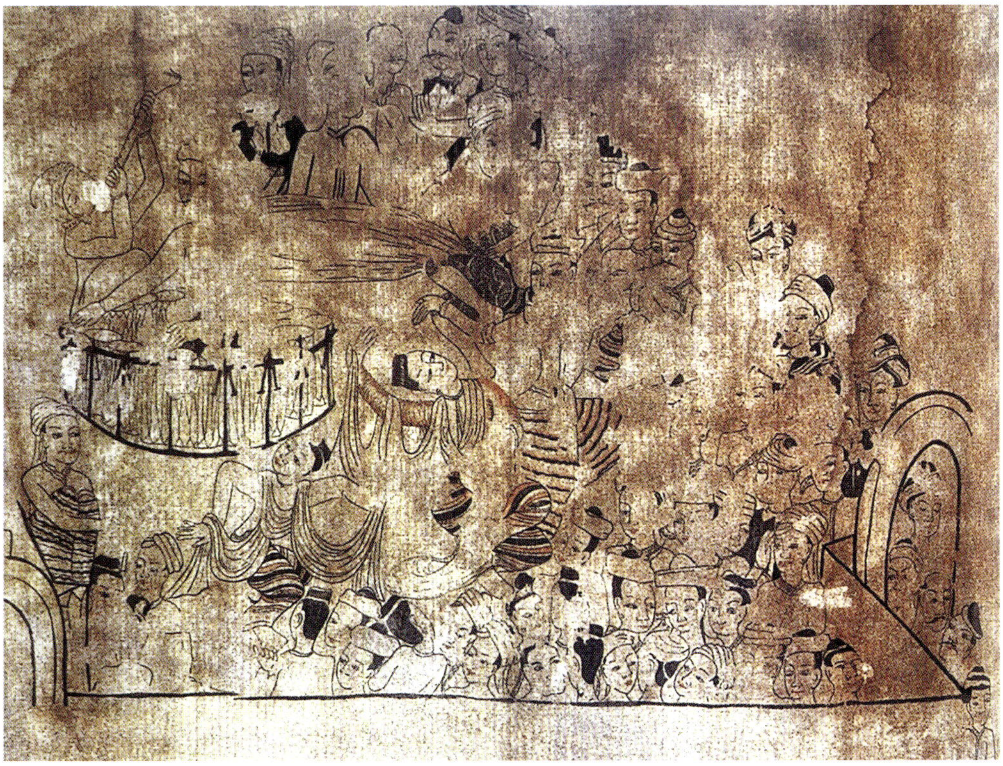

图 6-309　乐舞图（敬佛）（南传上座部佛教壁画，清，云南沧源广允缅寺）

图 6-310　舞人（17 世纪，西藏拉萨市布达拉宫壁画）

图 6-311　乐舞图（舞女）（南传上座部佛教壁画，清，云南沧源广允缅寺）

图 6-312　乐舞图（三弦舞）（藏传佛教壁画，祥云水目山水目寺塔，民国；藏传佛教有很多节日，藏民们载歌载舞参与欢庆，画中的藏族姑娘身穿藏袍，斜袒右肩，穿藏靴，弹着三弦情，正在跳舞，姿态生动，神情专注。那双抚琴和拨弦的手，尤其美妙传神，栩栩如生）

图 6-313　乐舞图（西藏唐卡，现藏美国鲁宾艺术博物馆）

图 6-314 乐舞图（唐卡，清，现藏西藏博物馆）

图 6-315 出安居图（壁画，民国，云南祥云水目山水目寺塔）

十二、博弈与艺境

西南地区的博弈文化不是一种简单的游戏，而是一种非常复杂的逻辑思维游戏。这是因为，不论是博戏还是弈棋，都在其发展、演变过程中汲取了华夏文化的精华，蕴涵了《易经》的太极整体论、阴阳辨证论、八封生成论、河洛图书等象数逻辑思想，从而创造了以“变”为核心的各种博弈形式。

博弈文化也是西南地区文化的重要组成部

图 6-316　围棋子（围棋罐，汉，现藏四川成都体育学院博物馆）

图 6-317　六博陶俑（棋盘长 15 厘米，宽 11 厘米，厚 0.8 厘米，下棋人左高 10 厘米，底通径 8 厘米，右高 10 厘米，底通径 9 厘米，观棋人高 10 厘米，汉，现藏四川成都体育学院博物馆）

分。自古以来，博弈一直都是社会各阶层的一项休闲娱乐游戏。各种博弈形式不仅参与了人类生活机制的调节，而且与政治、军事、文化、习俗、信仰等有着一定的联系，影响着人们的道德观念、行为准则、思维逻辑、审美情趣等。尤其是博弈把寓于其中的中国传统哲学，如天人合一整体论、天圆地方的宇宙论、象数比似的逻辑论、禅定坐忘的顿悟论、自知之明的人生论等，以一种雅俗文化形式普及在全民，不仅陶冶民族的坚毅精神和不屈性格，而且还有启迪智慧、忘忧情乐、愉悦身心、社交礼仪等功能和作用。西南地区出土的文物中，有许多形象的博弈图像。

图 6-318　六博图（画像砖，高 25.5 厘米，宽 45 厘米，东汉，现藏四川博物院）

图 6-319　六博图（画像砖，高 2.8 厘米，宽 24.6 厘米，东汉，现藏四川博物院）

图 6–320　六博图（画像砖，高 9 厘米，宽 26.5 厘米，东汉，现藏四川省广汉市文管所）

图 6–321　六博图（拓片）（画像砖，高 37 厘米，宽 46.6 厘米，四川新津县出土，东汉，现藏四川博物院）

图 6–322　六博图（拓片）（画像砖，高 6.8 厘米，宽 25.2 厘米，东汉，现藏四川博物院）

图 6–323　六博砖（高 39 厘米，宽 46.5 厘米，1975 年四川省成都市土桥乡出土，东汉，现藏四川成都博物馆）

图 6–324　六博图（画像砖，高 32 厘米，宽 39 厘米，1989 年四川省彭山县凤鸣乡出土，东汉，现藏四川博物院）

图 6–325　魏晋俥字象（棋子直径 2.9 厘米，厚 1.3 厘米，东汉，现藏重庆中国三峡博物馆；这枚棋这是我国目前出土的最早的象棋实物，对三峡地区老棺丘墓群东汉合葬墓进行发掘时，在墓道中发现了一枚陶制象棋棋子，这枚上面用阴文刻有“车”字样）

图 6–326　仙人六博图（画像石，汉，四川彭山县）

图 6-327　六博图（画像砖，高 38 厘米，宽 52.5 厘米，1988 年四川大邑县董场乡出土，魏，现藏四川博物院）

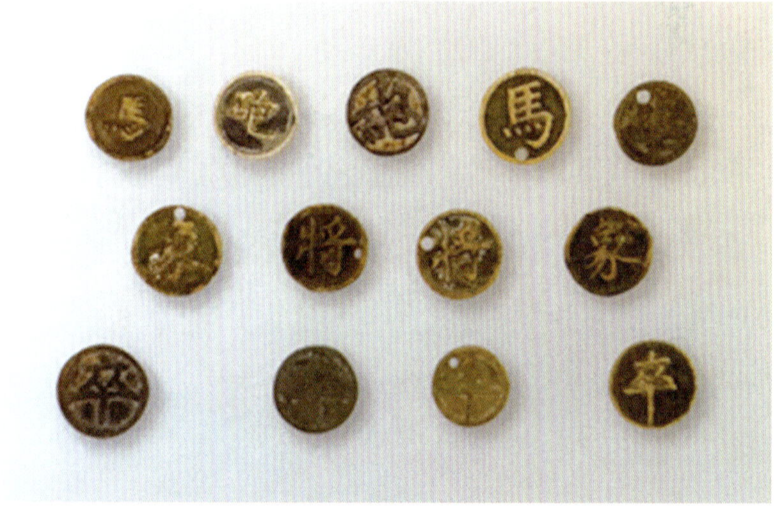

图 6-328　象棋子（铜制，直径 1.9—2 厘米，宋，现藏四川成都博物馆）

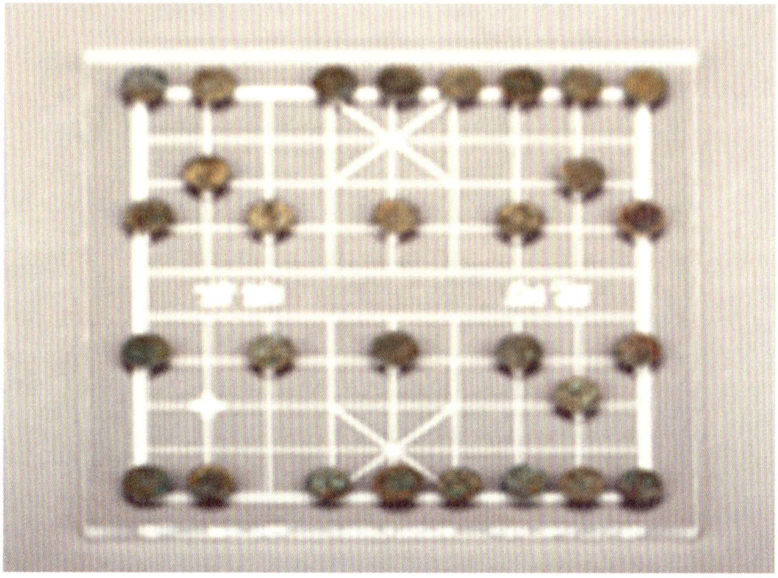

图 6-329　青铜象棋子（四川成都华阳出土，宋，现藏四川成都博物馆）

图 6-330　龙泉瓷骰（瓷器，长 2.5 厘米，宽 2.5 厘米，现藏中国重庆三峡博物馆）

图 6-331　龙泉豆青釉棋子瓷罐（高 9.1 厘米，口径 9.5 厘米，地径 8.3 厘米，元，现藏四川博物院）

图 6-332　围棋子（围棋罐身长 12 厘米，肩宽 17 厘米，棋子直径 1.5 厘米，现藏四川博物院）

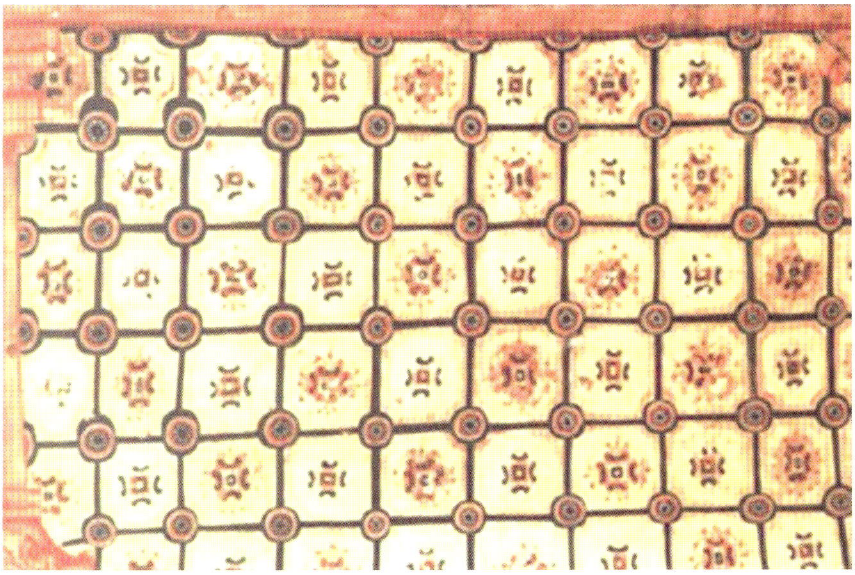

图 6-333　棋盘图（吐蕃，西藏阿里东嘎寺壁画窟壁画）

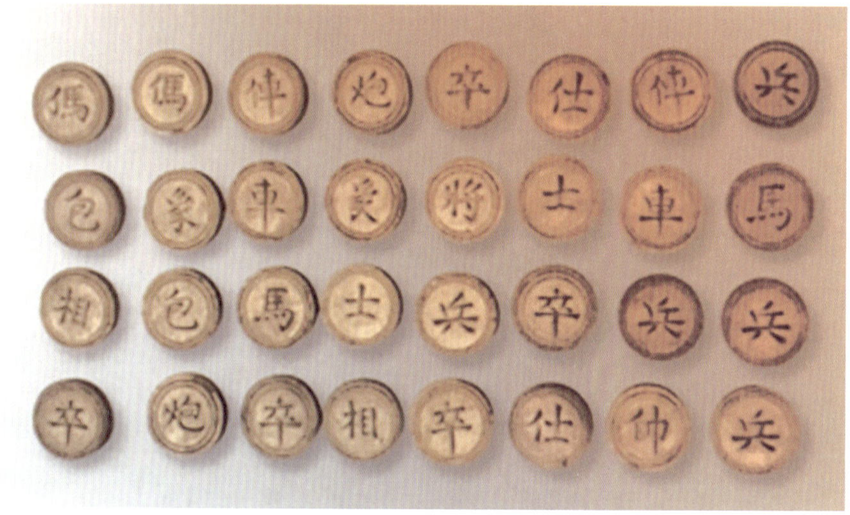

图 6–334　象棋子（瓷制，明，现藏四川成都体育学院博物馆）

图 6–335　青花弈棋罐（高 47.8 厘米，口径 21.8 厘米，足径 22.6 厘米，明，现藏四川成都博物馆）

图 6-336　青花对弈人物瓷香炉（高 6.3 厘米，口径 9.3 厘米，底径 9 厘米，明，现藏中国重庆三峡博物馆）

图 6-337　博弈图（象牙雕醉酒对弈围棋土笔筒）（口径 10 厘米，底径 10 厘米，高 12.9 厘米，清，现藏四川博物院）

图 6–338　博弈图（冷枚，纸本设色，清，现藏四川博物院）

图 6–339　麻将、掷骰子图（壁画，清，现藏西藏拉萨市布达拉宫）

图 6–340　陶陀螺（高 8 厘米，直径 6.5 厘米，1956 年四川省邛崃市邛窑遗址出土，宋，现藏四川博物院）

图 6–341　陀螺（灰陶骰子）（长 3.2 厘米，直径 1.8 厘米，四川省什邡市元石镇城西村的一个汉代遗址中出土；中间 6 个面，分别刻有 1–6 个小圆窝）

十三、民俗游艺

1. 垂钓

垂钓起源于古代先民的生产活动，随着生活环境的安定和生活水平的提高，垂钓逐渐从生活活动中分离出来，成为一种充满趣味、充满智慧、充满活力、格调高雅、有益身心的文体活动。我国最早的关于竹制钓竿的文字记载见于2000多年前的诗歌总集《诗经》，如《卫风》："竹竿，以钓于淇"（淇，指黄河的一条支流，位于今天的河南省北部）的诗句，这表明春秋战国时期，人们已经用细细的竹竿在江河中垂钓了。垂钓具有怡神养性、陶冶情操、消除疲劳、强健身心的功效。自先秦汉魏至唐宋，垂钓风俗不断发展，及元明清各代垂钓之风俗兴盛不衰。之后，垂钓慢慢地成为有一定广泛性的体育风俗。今天，垂钓在西南各地已成为深受人们广泛喜爱的一种休闲体育运动。西南地区垂钓遗存的文物比较丰富，其中有四川乐山市崖墓出土的东汉垂钓画像石等。

图 6-342　僰人钓鱼图（四川宜宾珙县岩画）

图 6-343　垂钓图（四川乐山汉画像砖）

2. 斗鸡

斗鸡在我国已有 2500 多年的历史。斗鸡从春秋时期开始，历经秦汉、魏晋、隋唐、宋元、明清，时至今日，经久不衰。斗鸡由皇宫贵族以及富豪之辈流传至市井社会，并掺入了表演和赌博成分。

商代甲骨文已有鸡的文字记录。西周时期人们就开始将鸡驯化后家居饲养了，这在《诗经》中可以得到证明。随着鸡的驯养技术日渐成熟，人们也开始慢慢将鸡作为游戏、娱乐的对象，在春秋时已选育、驯养成功了“斗鸡”。斗鸡亦称打鸡、咬鸡、边鸡、军鸡与英雄鸡。

宋元明清时期，西南地区十分盛行斗鸡活动。如成都市效出土有画像砖斗鸡图，这些文物精彩地表达了当时斗鸡的场景。斗鸡在古代也是超越社会阶层的活动，不同社会地位的人有时也一起参加比赛。这也说明斗鸡比赛具有促进社会融合的作用。

斗鸡是西南地区十分盛行的一种动物竞技活动。如当时就有宴会表演、庙会表演、节日表演等。斗鸡发展到汉唐时期出现了行会组织、专供斗鸡的场所、斗鸡的比赛规则、斗鸡的传承，到了明清时期出现了斗鸡饲养和训练理论。

斗鸡的精彩和扣人心弦的表演给人们带来了娱乐，斗鸡的顽强战斗精神能给人以鼓舞。因此，它一直深受西南地区人们的钟爱而长盛不衰。

图 6-344　斗鸡图（绘画，唐）

3. 射柳

图 6-345 射柳图（绘画，辽）

射柳，即以柳为靶的射柳活动。在古代又称“躏柳”“剪柳”“扎柳”等，其方法有多种。《演繁露》载：“射柳，本古之躏柳，折柳环插球场，军士驰马射之，其璇甚阔，射之即断。”《织小编》载：“永乐中，禁中有剪柳之戏。”即射柳也。射柳历史悠久，上至唐宋下至元明清。作为以骑射定天下的元军，射柳既是武将耀武的重要方式，又是节日的主要活动。在端午这一天，统治者往往要宴请贵戚和百官，骑马射柳，竞技表演，以一种豪放、开阔的方式庆贺端阳节，表达节日的欢快和喜悦，为枯燥的军旅生活增添乐趣。西南地区，包括西藏都有珍贵形象的射柳图像，表明当时射柳的盛行。

4. 踏歌

踏歌是一种“相抱聚蹈”“踏地为节”的集体歌舞活动，特点是用踏步来加强歌唱调或以鼓乐伴奏协调，是古人非常盛行的一种民间歌舞，其自娱性很强。《资治通鉴》有注：“踏歌者，连手而歌，踏地为节。”早在原始社会舞蹈中就可窥见“踏舞”之风貌。例如《吕氏春秋》载：“三个人执牛尾，踏足为节，载歌载舞。”踏歌以自娱为主，其主要特点是歌唱、踏地与舞袖。其中“踏”亦即和着歌声以足踏地，踏出鲜明的节奏，并与人的情感融合，激发出情绪。另外，“踏歌”虽是“连袂而行”，但并非只是手拉的连臂踏节，还需配合衣袖的舞动，边歌边舞，令人陶醉，使人流连忘返。民间踏歌载歌载舞、敬祭神灵、祛瘟避邪、驱灾免祸、寄托祝愿和节日自娱的礼仪，体现着人们的衣食住行状况。踏歌所凝聚着的民族精神和顽强的生命力，所表现出的民族生命的浪漫情调，使其广为流传。西南地区的苗族、彝族、土家族、景颇族等各族人民都非常喜爱踏歌活动，尤其是西藏各大寺院中都存有许多有关踏歌的图像。

图 6-346　树下踏歌图（清，云南大理彝族巍山壁画）

十四、养生保健

西南地区运动养生的历史源远流长，具有独特的东方色彩和民族风格。早在数千年前，西南地区人们就发现了运动对身体养护的重要作用，认识到“生命在于运动”的自然规律，主张用积极主动的身体运动来增进健康。在数千年的历史长河中，传统运动养生经过不断发展，已成为维护人类生命与健康的重要手段，在西南地区广泛运用。

西南地区在进行传统运动养生时，特别注意调身、调息和调心，调身是进行调息和调心的基础。调身，就是控制身体的姿势和动作，其姿势有坐式、卧式和站式。

调息是导引功法的重要环节，实际上是一种吐纳炼气术。通过自身呼吸的调整和锻炼，使人意守入静，放松身躯，调和气血，协调阴阳。其方法有自然呼吸法、腹式呼吸法、脐呼吸法、开合呼吸法、提肛呼吸法。

调心，就是控制自身的意识活动，做到排除杂念、四大皆空、精神专一，达到入静状态，为导引功法锻炼做好心理准备。其方法有呼吸、意守、默念、守外、观想等。

调身、调息、调心三者必须密切配合。调身，即练形，是三调的基础；调息要求在调身的基础上呼吸自然；调心也称调神，是三调的核心，统管调身和调息的进程和效果。

呼吸运动是人体最基本的运动，是人重要的生命体征之一，即生命在呼吸之间，而传统养生的“内功”就是练呼吸。可见，西南地区人们在几千年之前就发现了调节呼吸对生命状态的重要作用。

在西南地区传统运动养生中，有“气沉丹田”的功法。这种古老的强身呼吸法，经过1000多年的实践，被证明具有良好的生理作用和健身意义。目前盛行的运动养生，如太极拳、易筋经、五禽戏、八段锦等项目，在锻炼方法上，也都采用了“气沉丹田”的呼吸方法，使养生者获得良好的健身效果。

图 6-347　养生图（百工祖师图局部）（云南省剑川县沙溪寺登镇鳌峰山阳坡兴教寺壁画）

图 6–348　养生图（“参毗”陈列图）（东汉，云南省昆明市官渡云山村墓室壁画）

图 6–349　阿閦佛金坐像（纯金铸造像，高 8.5 厘米，重 120 克，1978 年出土于云南大理崇圣寺主塔，大理国时期，现藏云南省博物馆）

图 6–350　禅定图（铜像，清，现藏西藏博物馆）

图 6–351　养生图（清，云南巍山魏宝山长春洞道观藻井外围东南角壁画）

图 6-352　鎏金铁质老子练功坐像（清，现藏四川成都体育学院博物馆）

图 6-353　养生图（清，云南巍山魏宝山长春洞道观壁画）

图 6-354　养生图（清，云南沧源佤族木板壁画）

图 6-355　养生壁画（西藏拉萨西郊罗布林卡）

表 6　西南地区古代体育表现形式

<table>
<tr><th>分　类</th><th>表现形式</th><th>体育文化项目</th></tr>
<tr><td rowspan="9">军人体育</td><td>手搏</td><td rowspan="9">双人搏斗、拳术、军事格斗、剑术、刀术、兵械演练、立射、跪射、骑射、仰射、习射车马、出行赛马、马上技巧、步猎、骑猎、围猎、戈射、弩射等</td></tr>
<tr><td>斗兽</td></tr>
<tr><td>角抵</td></tr>
<tr><td>器械技击</td></tr>
<tr><td>射艺</td></tr>
<tr><td>御术</td></tr>
<tr><td>马术</td></tr>
<tr><td>狩猎</td></tr>
<tr><td>田径</td></tr>
<tr><td rowspan="6">娱乐体育</td><td>垂钓</td><td rowspan="6">垂钓倒立、顶竿、弄丸、弄剑，冲狭、叠罗汉、踩高跷、磨秋舞龙、盾牌舞、傩舞、巴渝舞、乐舞</td></tr>
<tr><td>百戏</td></tr>
<tr><td>秋千</td></tr>
<tr><td>舞龙</td></tr>
<tr><td>舞蹈</td></tr>
<tr><td>投壶</td></tr>
<tr><td rowspan="6">竞技体育</td><td>摔跤</td><td rowspan="6">摔跤、举鼎、举石、抱石、足球、马球、龙舟竞渡、划船游泳</td></tr>
<tr><td>举重</td></tr>
<tr><td>蹴鞠</td></tr>
<tr><td>马球</td></tr>
<tr><td>竞渡</td></tr>
<tr><td>游泳</td></tr>
<tr><td>养生体育</td><td colspan="2" rowspan="2">炼丹术、五禽戏、导引术</td></tr>
<tr><td>导引养生</td></tr>
</table>

结 语

西南地区古代体育早已成为历史的回忆。作为一种特定的文化形态，西南地区的古代体育在中国体育史上焕发出绚丽的光彩，并在当时人民群众的文化生活中产生了深远影响。西南地区的古代体育虽然已经消失，但从体育文化的继承与延续来看，已积淀在今天的体育运动之中。西南地区的古代体育已被祖先刻在岩石上，凝注在石窟墓葬壁画、砖画中。从民俗的角度来观察，这些体育文物则是当时民间生活的生动写照。

现代考古技术陆续将这一页页凝固的西南地区体育文化展现开来。“日月忽其大淹兮，春与秋其代序。”历史像长河大川一样一泻千里地逝去了，却将它的陈迹时时显露于后人，为我们提供了比前人更多的历史资料，使我们通过对西南地区古代体育文物的研究，发现更多前人未能发现的东西。

从西南地区体育文物的性质来看，它们至少与人们两种社会活动有关：一是祭祀，一是丧葬。西南地区体育文物多数都以墓葬装饰的形式出现。因此，它的产生与人们的丧葬习俗有着密切联系，这使我们必须追溯丧葬制度方面的渊源与变迁历史，以及物质文明和伦理意向。

通过游戏、娱乐、竞技等体育表演来表示生者对死者的永久性祭奠，体现了古人企图在身后仍能享受人间欢乐的观念。这些体育表演通过墓葬装饰的形式表现出来，例如借助于画像砖、画像石、壁画、陶俑、雕塑等，其内容在汉唐时多为百戏、狩猎、射术、博弈，至宋明时，则多蹴鞠、马术、摔跤等。厚藏的风俗习惯为建造这些反映表演场面的墓葬装饰奠定了社会基础。

古代神庙祭祀活动极为盛行，人们借祭神

活动而展开体育表演，这是西南地区共同具有的风俗习惯，成为当时人们满足宗教信仰与娱乐、竞技两种文化需要的共同手段。人们通过祭祀活动，达到娱“神”又娱人的目的。而且还挤入了世俗意识中两个庄重而神圣的领域：祭祀与体育。西南地区体育发展中出现的这种独特的社会文化现象，使人们的活动遗迹得天独厚地被广泛保存在各种形式的文物形态之中。

体育文物学，是中国体育史学和考古学两门学科结合的产物，是运用考古学手段来研究体育历史现象的一种新兴边缘学科。西南地区的体育文物研究包括三方面的工作：一、甄别鉴定、考其本源；二、以物证史，宏其奥旨；三、统筹归纳，建其体系。我们在研究过程中搜集了大量资料，对之进行鉴定、考证、归纳，以史为经，以类为纬，整理出西南地区体育文物的范围，为西南地区体育文物学的建立作了理论和实践的准备。

在长达五年之久的研究后，终于掩卷交稿。其间，最使我们感到困难的是体育文物资料的获得，它磨去了我们大量的时间与志气。然而，学问就是从苛求中逼出来的，做学问的人如果不对自己苛求，“自我陶醉”，那是会贻误大事的。对西南地区的体育文物研究，这仅仅是起步而不是终点。屈原说：“路漫漫其修远兮，吾将上下而求索。”这句话，对于做学问的人来说，是永远适用的。

图版目录

图 5-2 狩猎图（彩绘岩画，云南省临沧市沧源县）

图 5-3 狩猎图（猎牛）（彩绘岩画，云南省临沧市沧源县洋德海Ⅰ号岩画点）

图 5-4 狩猎图（彩绘岩画，云南省临沧市沧源县）

图 5-5 射猎图（云南省沧源第六地点 6 区岩画）

图 5-6 射猎图（云南省沧源第一地点 5 区岩画）

图 5-7 射鸟图（贵州省长顺傅家院白崖洞岩画）

图 5-8 狩猎图（彩绘岩画，云南省临沧市沧源县洋德海Ⅰ号岩画点）

图 5-9 狩猎图（云南省墨江县新抚镇岩画）

图 5-10 狩猎图（彩绘岩画，云南省勐梭镇班母路 3 千米处木依吉神谷）

图 5-11 狩猎图（围猎）（彩绘岩画，云南省勐梭镇班母路 3 千米处木依吉神谷）

图 5-12 狩猎图（围猎）（彩绘岩画，云南省勐梭镇班母路 3 千米处木依吉神谷）

图 5-13 狩猎图（围猎）（彩绘岩画，云南省勐梭镇班母路 3 千米处木依吉神谷）

图 5-14 狩猎图（局部）（彩绘岩画，云南省玉溪市元江县它克村）

图 5-15 狩猎图（围猎）（彩绘岩画，贵州清镇黄家洞）

图 5-16 狩猎图（局部）（彩绘岩画，贵州省龙里县巫山大岩脚）

图 5-17 狩猎图（局部）（彩绘岩画，贵州省长顺龙家院白崖洞）

图 5-18 狩猎图（射箭围猎局部）（彩绘岩画，贵州省长顺龙家院红洞）

图 5-19 狩猎图（围猎局部）（彩绘岩画，贵州省长顺龙家院红洞）

图 5-20 狩猎图（佩刀羽人制服野牛局部）（彩绘岩画，贵州省龙里县巫山大岩脚）

图 5-21 狩猎图（射向牛的箭局部）（彩绘岩画，贵州省贞丰大红岩）

图 5-22 狩猎图（彩绘岩画，四川省宜宾市珙县洛表镇麻塘坝村）

图 5-23 狩猎图（猎羚羊）（芦布湖岩画，画面 0.6 米 × 0.5 米，西藏阿里地区日土县热邦区芦布湖北岸）

图 5-24 狩猎图（鲁日朗卡岩画，画面 1.2 米 × 0.8 米，西藏阿里地区日土县日土区行政所在地附近）

图 5-25 狩猎图（阿垄沟岩画，画面 1.3 米 × 0.7 米，西藏阿里地区日土县日土区行政所在地附近）

图 5-26 狩猎图（鲁日朗卡岩画，西藏阿里地区日土县日土区行政所在地附近）

图 5-27 狩猎图（鲁日朗卡岩画，画面 1.6 米 × 0.8 米，西藏阿里地区日土县日土区行政所在地附近）

图 5-28 狩猎图（芦布湖岩画，画面 0.8 米 × 0.4 米，西藏阿里地区日土县热邦区芦布湖北岸）

图 5-29 狩猎图（那布龙岩画，画面 1.4

米×0.8米，西藏阿里地区日土县乌江乡行政所在地以北40千米处）

图5-30　狩猎图（康巴热久岩画，画面2米×0.7米，西藏阿里地区日土县扎布乡行政所在地以北10千米处）

图5-31　狩猎图（左用湖岩画，画面0.3米×0.9米，西藏阿里地区日土县热邦区左用湖北岸）

图5-32　狩猎图（猎鹿）（左用湖岩画，西藏阿里地区日土县热邦区左用湖北岸）

图5-33　狩猎图（猎牦牛）（左用湖岩画，画面0.4米×0.9米，西藏阿里地区日土县热邦区左用湖北岸）

图5-34　狩猎图（加林山岩画，画面0.5米×0.4米，西藏那曲市尼玛县荣玛乡加林山东麓）

图5-35　狩猎图（加林山岩画，画面0.7米×0.4米，西藏那曲市尼玛县荣玛乡加林山东麓）

图5-36　狩猎图（加林山岩画，画面0.8米×0.3米，西藏那曲市尼玛县荣玛乡加林山东麓）

图5-37　狩猎图（加林山岩画，画面0.6米×1.2米，西藏那曲市尼玛县荣玛乡加林山东麓）

图5-38　狩猎图（猎羚羊）（加林山岩画，画面0.4米×0.6米，西藏那曲市尼玛县荣玛乡加林山东麓）

图5-39　狩猎图（猎鹿）（加林山彩绘岩画，画面0.3米×0.7米，西藏那曲市尼玛县荣玛乡加林山东麓）

图5-40　狩猎图（猎牦牛）（加林山彩绘岩画，画面0.4米×0.5米，西藏那曲市尼玛县荣玛乡加林山东麓）

图5-41　狩猎图(猎牦牛)（加林山彩绘岩画，画面　0.6米×0.8米，西藏那曲市尼玛县荣玛乡加林山东麓）

图5-42　狩猎图（其多山彩绘岩画，西藏班戈县纳木湖西岸其多山1号洞穴）

图5-43　狩猎图（其多山彩绘岩画，西藏班戈县纳木湖西岸其多山1号洞穴）

图5-44　狩猎图（其多山彩绘岩画，西藏班戈县纳木湖西岸其多山1号洞穴）

图5-45　狩猎图（其多山彩绘岩画，西藏班戈县纳木湖西岸其多山1号洞穴）

图5-46　狩猎图（猎牦牛)(其多山彩绘岩画，西藏班戈县纳木湖西岸其多山1号洞穴）

图5-47　狩猎图（盐湖岩画，画面1米×0.6米，西藏革吉县北部盐湖南岸）

图5-48　狩猎图（围猎)(盐湖岩画，画面0.4米×0.7米，西藏革吉县北部盐湖南岸）

图5-49　狩猎图（猎羊)(拉鲁卡岩画，西藏八宿县白马镇）

图5-50　狩猎图（猎羊)（夏仓山岩画，画面1米×0.6米，西藏那曲尼玛县卓瓦乡行政所在地西北约10千米处）

图5-51　狩猎图（夏仓山岩画，画面0.9米×0.7米，西藏那曲尼玛县卓瓦乡行政所在地西北约10千米处）

图5-52　狩猎图（扎西岛彩绘岩画，西藏

当雄县纳木湖东岸扎西岛岩画第 1 地点）

图 5–53 狩猎图（扎西岛彩绘岩画，西藏当雄县纳木湖东岸扎西岛岩画第 3 地点）

图 5–54 狩猎图（猎羊）（扎西岛彩绘岩画，西藏当雄县纳木湖东岸扎西岛岩画第 3 地点）

图 5–55 狩猎图（捕鸟）（扎西岛彩绘岩画，西藏当雄县纳木湖东岸扎西岛岩画第 4 地点）

图 5–56 狩猎图（猎鹿）（扎西岛彩绘岩画，西藏当雄县纳木湖东岸扎西岛岩画第 5 地点）

图 5–57 狩猎图（扎西岛彩绘岩画，西藏当雄县纳木湖东岸扎西岛岩画第 10 地点）

图 5–58 狩猎图（猎牦牛）（先遣岩画，画面 1.8 米 × 0.4 米，西藏阿里地区改则县先遣乡）

图 5–59 武士图（扎西岛彩绘岩画，西藏当雄县纳木湖东岸扎西岛岩画第 10 地点）

图5–60 武术图（械斗）（彩绘岩画，云南省沧源佤族自治县曼帕岩画）

图 5–61 武士术图（彩绘岩画，云南丘北县狮子山岩画）

图 5–62 攻防武舞（云南沧源岩画）

图 5–63 乐舞图（彩绘岩画，云南省临沧市沧源县）

图 5–64 武术图（佩刀羽人）（彩绘岩画，贵州龙里县巫山大岩脚）

图 5–65 武术图（格斗）（加林山彩绘岩画，画面 0.4 米 × 0.7 米，西藏那曲市尼玛县荣玛乡加林山东麓）

图 5–66 武术图（佩剑）（日姆栋岩画，画面 0.5 米 × 0.7 米，西藏阿里地区日土县日松区行政所在地东南 3 千米处）

图 5–67 武乐舞图（彩绘岩画，云南省临沧市沧源县）

图 5–68 舞人图（云南沧源岩画）

图 5–69 群舞图（云南沧源岩画）

图 5–70 乐舞图（五人圈舞）（彩绘岩画，云南省沧源县洋德海 I 号岩画点）

图 5–71 乐舞（舞球）（彩绘岩画，云南省沧源佤族自治县曼帕岩画）

图 5–72 乐舞图（彩绘岩画，云南省动腊县境内断崖石壁）

图 5–73 乐舞图（局部）（彩绘岩画，贵州省龙里县巫山燕子岩）

图 5–74 乐舞图（羽人舞蹈局部）（彩绘岩画，贵州省龙里县巫山大岩脚）

图 5–75 乐舞图（持巫器舞蹈）（彩绘岩画，贵州省贵阳市息烽县温泉镇三妹岩）

图 5–76 乐舞图（多人舞蹈）（彩绘岩画，贵州省龙里县巫山大岩脚）

图 5–77 乐舞图（局部）（贵州省紫云岩画群新塘岩画）

图 5–78 乐舞图（酋与舞蹈）（彩绘岩画，四川省珙县麻塘坝）

图 5–79 乐舞图（蛙舞僰人）（彩绘岩画，四川省珙县麻塘坝）

图 5–80 舞者图（扎西岛彩绘岩画，西藏当雄县纳木湖东岸扎西岛岩画第 4 地点）

图 5–81 舞者图（塔康巴彩绘岩画，画面 0.7 米 × 0.8 米，西藏阿里地区日土县乌江乡行政所在地 40 千米处以南 1 千米处）

图 5–82 舞蹈图（塔康巴彩绘岩画，西藏阿里地区日土县乌江乡行政所在地 40 千米处以南 1 千米处）

图 5–83 舞者图（塔康巴彩绘岩画，人物身高 18 厘米，西藏阿里地区日土县乌江乡行政所在地 40 千米处以南 1 千米处）

图 5–84 舞者图（拉鲁卡岩画，人物身高 16 厘米，西藏八宿县行政所在地白玛镇以东约 30 千米处）

图 5–85 舞者图（拉鲁卡岩画，画面 0.2 米 × 0.3 米，西藏八宿县行政所在地白玛镇以东约 30 千米处）

图 5–86 鸟首面具舞图（西藏日土岩画）

图 5–87 男女对舞图（西藏日土岩画）

图 5–88 跳跃图（彩绘岩画，云南省沧源县洋德海Ⅰ号岩画点）

图 5–89 百戏图（双人叠立）（彩绘岩画，云南省沧源佤族自治县曼帕岩画）

图 5–90 百戏图（橦技杆上人物）（彩绘岩画，云南省沧源佤族自治县丁来Ⅰ号岩画点）

图 5–91 百戏图（球戏）（僰人彩绘岩画，四川省珙县麻塘坝）

图 5–92 划船图（云南省沧源佤族自治县曼坎Ⅱ号岩画点）

图 5–93 僰人球戏图（四川省宜宾市珙县岩画）

图 5–94 叠罗汉（云南省沧源第四地点 1 区岩画）

图 5–95 叠罗汉（云南省沧源第一地点 2 区岩画）

图 5–96 顶杆（云南省沧源第一地点 5 区岩画）

图 5–97 马术图（饲马）（贵州省长顺龙家院红洞彩绘岩画）

图 5–98 马上格斗图（四川省宜宾市珙县岩画）

图 5–99 百戏僰人马上技巧图（四川省宜宾市珙县岩画）

图 5–100 马术图（骑士）（四川省宜宾市珙县洛表镇麻塘坝彩绘岩画）

图 5–101 铜箭镞（最长 5 厘米，西藏拉萨市曲贡村遗址出土，新石器时代）

图 5–102 青铜戈（宽 2.5—4.3 厘米，通长 20.4—21 厘米，四川省广汉市三星堆一号祭祀坑出土，新石器时代晚期，现藏四川三星堆博物馆）

图 5–103 玉戈（通长 40 厘米，宽 10.1 厘米，四川省广汉市三星堆一号祭祀坑出土，新石器时代晚期，现藏四川三星堆博物馆）

图 5–104 穿孔石奔（四川成都新津宝墩古城出土，新石器时代晚期，现藏四川成都博物馆）

图 5–105 石斧（四川成都新津宝墩古城出土，新石器时代晚期，现藏四川成都博物馆）

图 5–106 石矛（四川成都新津宝墩古城

出土，新石器时代晚期，现藏四川成都博物馆）

图 5-107　骨镞（长 9.5 厘米，宽 1.5 厘米，商，现藏重庆中国三峡博物馆）

图 5-108　石斧（长 10.5 厘米，宽 5.8 厘米，高 1 厘米，1959 年重庆巫山县大溪出土，新石器时代，现藏四川博物院）

图 5-109　青铜戈（长 28.8 厘米，宽 6 厘米，商，现藏重庆中国三峡博物馆）

图 5-110　玉牙璋（通高 59.3—60.5 厘米，1931 年四川省广汉市三星堆遗址出土，商，现藏四川博物院）

图 5-111　玉戈（四川三星堆遗址一号祭祀坑出土，商，现藏四川三星堆博物馆）

图 5-112　“V”锋长援直内玉戈（长 27.6 厘米，宽 5.65 厘米，厚 0.77 厘米，商周，现藏四川成都金沙遗址博物馆）

图 5-113　玉斧（长 8.73 厘米，宽 3.51 厘米，厚 1.74 厘米，商周，现藏四川成都金沙遗址博物馆）

图 5-114　玉斧（四川成都金沙遗址出土，商周，现藏四川成都博物馆）

图 5-115　玉矛（四川成都金沙遗址出土，商周，现藏四川成都博物馆）

图 5-116　铜戈（长 22 厘米，胡长 10 厘米，春秋，现藏重庆中国三峡博物馆）

图 5-117　直内铜戈（长 24.7 厘米，宽 12 厘米，东周，现藏重庆中国三峡博物馆）

图 5-118　铜剑（长 56.7 厘米，宽 4.2 厘米，战国，现藏重庆中国三峡博物馆）

图 5-119　圆刃折腰铜钺（长 18.6 厘米，宽 8.8 厘米，战国，现藏重庆中国三峡博物馆）

图 5-120　三翼铜镞（长 3.8 厘米，战国，现藏重庆中国三峡博物馆）

图 5-121　柳叶形铜剑（长 43.7 厘米，宽 4.5 厘米，战国，现藏重庆中国三峡博物馆）

图 5-122　铜矛（长 26.5 厘米，战国，现藏重庆中国三峡博物馆）

图 5-123　楚式铜剑（长 48.5 厘米，战国，现藏重庆中国三峡博物馆）

图 5-124　虎纹柳叶形铜剑（长 43.5 厘米，战国，现藏重庆中国三峡博物馆）

图 5-125　符号铜矛（长 23.9 厘米，宽 3.6 厘米，战国，现藏重庆中国三峡博物馆）

图 5-126　三棱锥形铜镞（长 2.6 厘米，战国，现藏重庆中国三峡博物馆）

图 5-127　短铤双翼铜镞（长 6.4 厘米，战国，现藏重庆中国三峡博物馆）

图 5-128　铜矛（长 18.5 厘米，战国，现藏重庆中国三峡博物馆）

图 5-129　三棱锥形铜镞（长 2.5 厘米，战国，现藏重庆中国三峡博物馆）

图 5-130　虎纹铜戈（长 18.2 厘米，宽 10 厘米，战国，现藏重庆中国三峡博物馆）

图 5-131　鸟纹铜戈（长 19.6 厘米，宽 7.6 厘米，战国，现藏重庆中国三峡博物馆）

图 5-132　文字铜戈（长 22 厘米，宽 8.6 厘米，战国，现藏重庆中国三峡博物馆）

图 5-133　铜矛（长 15.8 厘米，战国，现藏重庆中国三峡博物馆）

图 5-134　铜钺（长 16.5 厘米，宽 8.5 厘米，战国，现藏重庆中国三峡博物馆）

图 5-135　圆刃折腰铜钺（长 18.5 厘米，宽 9.1 厘米，战国，现藏重庆中国三峡博物馆）

图 5-136　鹿纹铜戈（长 23 厘米，宽 13.2 厘米，战国

图 5-137　铭文铜戈（戈长 16 厘米，胡长 10 厘米，战国，现藏重庆中国三峡博物馆）

图 5-138　虎纹铜戈（长 23.5 厘米，宽 15.5 厘米，战国，现藏重庆中国三峡博物馆）

图 5-139　有銎三棱铜镞（长 4.6 厘米，战国，现藏重庆中国三峡博物馆）

图 5-140　铜戈（长 19 厘米，战国，现藏重庆中国三峡博物馆）

图 5-141　铜钺（长 14.3 厘米，宽 7.4 厘米，战国，现藏重庆中国三峡博物馆）

图 5-142　环首铜刀（长 15 厘米，战国，现藏重庆中国三峡博物馆）

图 5-143　巴蜀符号铜矛（长 23.4 厘米，战国，现藏重庆中国三峡博物馆）

图 5-144　柳叶形铜剑（长 33.7 厘米，战国，现藏重庆中国三峡博物馆）

图 5-145　虎纹铜矛 -1（长20.5 厘米，战国，现藏重庆中国三峡博物馆）

图 5-146　虎纹铜矛 -2（长 20.5 厘米，战国，现藏重庆中国三峡博物馆

图 5-147　双钺形铜戈（云南省昆明市呈贡天子庙 41 号墓出土，战国，现藏云南省昆明市博物馆）

图 5-148　嵌玉剑首（剑长 39.2 厘米，剑首面长径 5.4 厘米，宽径 45 厘米，高 21 厘米，战国，现藏云南省博物馆）

图 5-149　铜戈（云南省玉溪市江川县李家山出土，战国，现藏云南省玉溪市博物馆）

图 5-150　兽面纹铜戈（通长 23 厘米，内长 8.5 厘米，阑宽 9.3 厘米，战国，现藏贵州省博物馆）

图 5-151　一字格曲刃铜剑（通长 26 厘米，其中身长 18.2 厘米，茎长 7.8 厘米，格宽 13 厘米，战国，现藏贵州省博物馆）

图 5-152　狩猎纹铜壶（腹径 26 厘米，高 41.4 厘米，四川省成都市青羊小区出土，战国）

图 5-153　铜壶（通高 33.5 厘米，口径 5 厘米，底径 10.4 厘米，腹径 19.7 厘米，四川省达州市罗家坝遗址 M2 出土，战国）

图 5-154　带鞘铜双剑（鞘长 29.2 厘米，鞘宽 12.6 厘米，1973 年四川省成都中医学院战国墓出土，战国，现藏四川博物院）

图 5-155　蝉纹带鞘双剑（四川成都金牛小区出土，战国，现藏成都博物馆）

图 5-156　虎纹铜戈（长 25.2 厘米，宽 13.6 厘米，高 2.4 厘米，战国，现藏四川博物院）

图 5-157　兽面纹铜戈（长 29.4 厘米，厚 1 厘米，1980 年四川新都马家乡出土，战国，现藏四川博物院；呈三角形，无胡）

图 5-158　铜削（长 23.7 厘米，刃最宽 6.4 厘米，1980 年四川新都马家乡出土，战国，现藏四川博物院；弧形刀刃，短柄，器身阴刻

巴蜀图语）

图 5-159　蛇纹柳叶形铜剑（四川省成都市区出土，战国，现藏四川成都博物馆）

图 5-160　蝉纹铜戈（四川省成都青羊小区出土，战国，现藏四川成都博物馆）

图 5-161　蚕纹铜戈（长 26.5 厘米，宽 7.6 厘米，四川省成都市交通巷出土，战国，现藏四川成都博物馆；铜戈援部饰有兽头形图案及云雷等，长方形内两面均饰蚕纹，蚕纹四周环以云雷纹和几何形纹等）

图 5-162　虎纹铜戈（四川省成都市青羊小区出土，战国，现藏四川成都博物馆）

图 5-163　巴蜀鸟纹铜戈（长 19.6 厘米，宽 7.6 厘米，战国，现藏重庆中国三峡博物馆）

5-164　巴蜀文字虎纹铜戈（长 25.6 厘米，宽 13.6 厘米，重庆市云阳李家坝出土，战国，现藏重庆中国三峡博物馆）

图 5-165　银斑手心纹铜矛（长 21 厘米，重庆市云阳李家坝出土，战国，现藏重庆中国三峡博物馆）

图 5-166　长骹高棱铜矛（长 24.7 厘米，重庆市云阳李家坝出土，战国，现藏重庆中国三峡博物馆）

图 5-167　人面云雷纹铜矛（长 23.7 厘米，重庆市云阳李家坝出土，战国，现藏重庆中国三峡博物馆）

图 5-168　巴蜀“王”字青铜钺（长 16.2 厘米，宽 7.6 厘米，重庆市巴县冬笋坝出土，战国，现藏重庆中国三峡博物馆）

图 5-169　巴蜀鎏金虎纹铜剑（长 39.1 厘米，宽 3.8 厘米，重庆冬笋坝出土，战国）

图 5-170　巴蜀兽面纹铜鐓（长 19.9 厘米，0.8 厘米，战国，现藏重庆中国三峡博物馆）

图 5-171　巴蜀文字虎纹青铜戈（25.5 厘米，宽 13 厘米，战国，现藏重庆中国三峡博物馆）

图 5-172　兽面纹柳叶形巴蜀铜剑（长 22 厘米，宽 3.5 厘米，战国，现藏重庆中国三峡博物馆）

图 5-173　成都矛（矛长 20 厘米左右，1985 年在四川雅安荥经县古城村发现的战国晚期船棺葬 1 号墓内出土，战国晚期，现藏雅安市博物馆；其蛟部錾刻有“成都”二字，因此被称为“成都矛”）

图 5-174　吊人铜茅（高 30.5 厘米，云南省昆明市晋宁县石寨山出土，战国至西汉，现藏云南省博物馆）

图 5-175　雕铜套石剑砺（长 14 厘米，云南省昆明市晋宁县石寨山 13 号墓出土，战国至西汉，现藏云南省博物馆）

图 5-176　铜柄铁剑（全长 58.5 厘米，茎长 11.5 厘米，1978 年贵州毕节赫章可乐 25 号墓出土，西汉，现藏贵州省博物馆）

图 5-177　人形柄铜剑（长 30 厘米，云南省昆明市晋宁县石寨山 71 号墓出土，战国至西汉；剑首顶部有一圆孔，剑身饰螺旋纹及卷草纹）

图 5-178　铜钺（长 13.2 厘米，宽 11.1 厘米，现藏贵州省博物馆）

图 5–179　鹌鹑形铜钺（云南省昆明市晋宁石寨山出土，西汉，现藏云南省博物馆）

图 5–180　金臂甲（高 18.8 厘米，云南省昆明市晋宁县石寨山 12 号墓出土，西汉，现藏云南省博物馆；防护类兵器，呈圆筒状，上粗下细，与人的手臂相合，通体无纹饰，筒侧开口，边沿有长方形穿孔，造型规整，做工精细）

图 5–181　鱼尾纹铜斧（长 16.1 厘米，云南省昆明市晋宁县石寨山 71 号墓出土，西汉）

图 5–182　铜戈（长 21.8 厘米，云南省昆明市晋宁县石寨山 71 号墓出土，西汉）

图 5–183　压花牛纹剑鞘（长 49 厘米，云南省昆明市晋宁县石寨山 71 号墓出土，西汉）

图 5–184　豹纽铜茅（高 17.9 厘米，云南省昆明市晋宁县石寨山出土，西汉）

图 5–185　三熊銎铜戈（通长 23.5 厘米，銎宽 16 厘米，云南省昆明市晋宁石寨山 13 号墓出土，西汉）

图 5–186　猴蛇钮铜钺（高 14.4 厘米，云南省昆明市晋宁县石寨山 12 号墓出土，西汉）

图 5–187　水獭争鱼钮铜戈（高 27 厘米，云南省昆明市晋宁石寨山出土，西汉；椭圆形銎，銎部饰弦纹及动物纹，銎背有圆雕水獭两只，相对捕捉一鱼）

图 5–188　立鼠铜斧（云南省昆明市晋宁县石寨山墓地出土，西汉；斧柄上细线阴刻装饰图案，旁边还铸有活灵活现的小老鼠立体雕像，昂首举目，神态自若）

图 5–189　豹衔鼠铜戈（云南省昆明市晋宁石寨山出土，西汉；造型独特，应为当时的礼仪用器，在当时为滇国的王侯贵族所拥有，是权威的象征）

图 5–190　虎噬牛饰铜狼牙棒（高 30.7 厘米，云南省江川县李家山 24 号墓出土，西汉，现藏云南省博物馆）

图 5–191　铜柄铁剑及压花牛头纹金剑鞘（云南省昆明市晋宁石寨山出土，西汉，现藏云南昆明市博物馆）

图 5–192　八人猎虎铜扣饰（高 6.7 厘米，宽 11.7 厘米，西汉，现藏云南省博物馆）

图 5–193　鸟践蛇銎铜斧（通长 23.5 厘米，銎宽 15.5 厘米，云南省昆明市晋宁县石寨山 13 号墓出土，西汉）

图 5–194　兵俑（青铜，汉，现藏云南省博物馆）

图 5–195　骑士（青铜，汉，现藏云南省博物馆）

图 5–196　铜弩机机槽（长 13.4 厘米，宽 3.7 厘米，东汉，现藏重庆中国三峡博物馆）

图 5–197　蛇头形茎首无格铜剑（通长 38 厘米，茎长 11.4 厘米，身长 24 厘米，刃最宽 4.5 厘米，1978 年贵州毕节威宁中水汉墓出土，汉，现藏贵州省博物馆）

图 5–198　错金格铜剑（长 77.5 厘米，宽 5.1 厘米，1995 年四川广汉北外二龙岗墓群出土，汉，现藏四川三星堆博物馆；剑身呈黑褐色，有格，呈菱形，格上错金卷草纹，扁平柄，下有一穿）

图 5–199　铜弩机（长 12 厘米，汉，现藏

重庆中国三峡博物馆）

图 5-200　环首铜刀（长 98 厘米，汉，现藏重庆中国三峡博物馆）

图 5-201　铜弩机（长 15.2 厘米，汉，现藏重庆中国三峡博物馆）

图 5-202　蜀汉景耀四年铭文铜弩机（长 16 厘米，最宽 12 厘米，1964 年四川省成都市郫县雷家祠发掘出土，三国，现藏四川博物院）

图 5-203　铁镞（长 12.7 厘米，南北朝，现藏重庆中国三峡博物馆）

图 5-204　铁矛（长 27.6 厘米，南北朝，现藏重庆中国三峡博物馆）

图 5-205　木箭杆与竹箭杆（兵器构件，通长 73—75 厘米，1985 年西藏札达县古格遗址出土，分治时期）

图 5-206　皮盾牌（防御兵器，直径 55 厘米，厚 0.45—0.55 厘米，1985 年西藏札达县古格遗址出土，分治时期）

图 5-207　铁镞（兵器构件，最长 14.8 厘米，最短 6.1 厘米，1985 年西藏札达县古格遗址出土，分治时期）

图 5-208　人物山水故事铜镜（直径 22 厘米，厚 0.8 厘米，宋）

图 5-209　秦良玉皮盔（内径 18 厘米，外径 35 厘米，高 21 厘米，明，现藏重庆中国三峡博物馆）

图 5-210　秦良玉朴刀（长 98 厘米，明，现藏重庆中国三峡博物馆）

图 5-211　秦良玉甲胄（身长 162 厘米，袖长 113.5 厘米，明，现藏重庆中国三峡博物馆）

图 5-212　带羽木杆铁镞（长 106 厘米，清，现藏重庆中国三峡博物馆）

图 5-213　木弓（长 116 厘米，清，现藏重庆中国三峡博物馆）

图 5-214　虎纹铜剑（长 43.5 厘米，清，现藏重庆中国三峡博物馆）

图 5-215　木柄皮鞘铁刀（长 100 厘米，清，现藏重庆中国三峡博物馆）

图 5-216　有銎双翼铜镞（长 11.7 厘米，宽 7 厘米，清，现藏重庆中国三峡博物馆）

图 5-217　云雷纹铜剑（长 43.4 厘米，清，现藏重庆中国三峡博物馆）

图 5-218　腰刀（通长 50.5 厘米，刀长 46 厘米，刀宽 2.6 厘米，鞘长 23.5 厘米，高 9 厘米，清，现藏四川博物院）

图 5-219　彩绘朱漆皮铠甲（长 55 厘米，宽 116.2 厘米，清，现藏四川博物院）

图 5-220　靴形铜钺（长 18.5 厘米，宽 8.2 厘米，现藏云南省玉溪市元江县文化馆）

图 5-221　靴形铜钺（长 17.6 厘米，宽 7.8 厘米，现藏云南省玉溪市元江县文化馆）

图 5-222　铜叉（长 13 厘米，宽 10.8 厘米，现藏云南省元江县文化馆）

图 5-223　靴形铜钺（长 15 厘米，宽 7 厘米，现藏云南省玉溪市元江县文化馆）

图 5-224　人首纹铜矛（长 18.5 厘米，銎径 2 厘米，现藏云南省玉溪市元江县文化馆）

图 5-225　靴形铜钺（长 14.7 厘米，宽 8

厘米，现藏云南省玉溪市元江县文化馆）

图 5-226 叠鼓形狩猎场面铜贮贝器（高 62.1 厘米，云南省昆明市晋宁县石寨山 71 号墓出土）

图 5-227 猎鹿铜扣饰（高 8 厘米，宽 8.5 厘米，云南省昆明市晋宁县石寨山 7 号墓出土）

图 5-228 猎虎铜扣饰（高 11.5 厘米，宽 13 厘米，云南省昆明市晋宁县石寨山 17 号墓出土）

图 5-229 杀人祭柱场面铜贮贝器（高 38 厘米，盖径 30 厘米，云南省昆明市晋宁县石寨山出土，西汉，现藏云南省博物馆）

图 5-230 叠鼓形狩猎纹铜储贝器（云南省昆明市晋宁县石寨山 71 号墓出土，西汉，现藏云南省博物馆）

图 5-231 二人缚牛鎏金铜扣饰（高 10 厘米，宽 15 厘米，云南省昆明市晋宁县石寨山 71 号墓出土，现藏云南省博物馆。一牛居中，头套绳索，两角硕壮。头后站一人，双脚蹬地，右手按牛肩，左手似作牵拉状。牛后亦站立一人，双脚蹬地，头后仰，双手置于牛背上作推状。二人均赤足。下端一长蛇，口衔牛前缚牛人的左脚）

图 5-232 骑士猎鹿扣饰（长 14.4 厘米，高 24.1 厘米，现藏云南省玉溪市李家山青铜博物馆）

图 5-233 骑士猎鹿扣饰（长 14.9 厘米，高 17.8 厘米，现藏云南省玉溪市李家山青铜博物馆）

图 5-234 猎豹扣饰（长 11 厘米，高 8.8 厘米，现藏云南省玉溪市李家山青铜博物馆）

图 5-235 二猎人猎猪铜扣饰（青铜，长 0.123 米，宽 0.65 米，云南省玉溪市李家山 13 号墓出土，现藏云南省博物馆）

图 5-236 二猎人猎鹿铜扣饰（青铜，长 0.125 米，高 0.12 米，云南省玉溪市李家山 13 号墓出土，现藏云南省博物馆）

图 5-237 铜弋（通长 17.4 厘米，胡长 5 厘米，内长 4.8 厘米，战国，现藏四川博物院）

图 5-238 铁矛（长 27.6 厘米，南北朝，现藏重庆中国三峡博物馆）

图 5-239 剑（四川省成都市新都区马家乡出土，战国，现藏四川省博物馆）

图 6-1 嵌错宴乐攻战青铜壶（高 40 厘米，口径 13.4 厘米，腹径 26.5 厘米，足高 2 厘米，四川成都百花潭中学 10 号墓出土，战国，现藏四川成都博物馆）

图 6-2 狩猎纹铜壶（高 41.4 厘米，腹径 26 厘米，四川成都青羊小区出土，战国，现藏四川成都博物馆）

图 6-3 擘张图（石刻，汉，四川绵阳三台县安居崖墓）

图 6-4 蹶张图（石刻，汉，四川绵阳三台县安居崖墓）

图 6-5 蹶张图（石刻，汉，四川内江岩山崖墓）

图 6-6 莲池渔猎画像砖（四川绵竹新市镇出土，东汉，现藏四川成都博物馆）

图 6-7 莲池渔猎画像砖（拓片）（四川绵

竹新市镇出土，东汉，现藏四川成都博物馆）

图 6–8 狩猎图（拓片）（画像砖，高 26 厘米，残宽 24.5 厘米，1984 年四川省广汉市雒城镇出土，东汉，现藏四川省广汉市文管所）

图 6–9 狩猎图（拓片）（画像砖，高 39.6 厘米，宽 45.6 厘米，1972 年四川大邑县安仁乡出土，东汉，现藏四川博物院）

图 6–10 狩猎图（拓片）（画像砖，高 36.6 厘米，宽 46.6 厘米，东汉，四川省邛崃市花牌坊出土，现藏四川博物院）

图 6–11 狩猎图（拓片）（画像砖，高 25.6 厘米，残宽 28 厘米，东汉，现藏四川博物院）

图 6–12 狩猎图（捕鱼）（拓片）（画像砖，高 26 厘米，宽 44 厘米，东汉，现藏四川省广汉市文管所）

图 6–13 狩猎图（采莲、捕鱼）（拓片）（画像砖，高 25 厘米，宽 44 厘米，东汉，现藏四川博物院）

图 6–14 狩猎图（采莲、捕鱼）（拓片）（画像砖，高 33.8 厘米，残宽 41.3 厘米，1978 年四川省成都市新都区马家乡出土，东汉，现藏四川博物院）

图 6–15 刺猿图（石刻，汉，四川成都新津崖墓石棺）

图 6–16 击猿图（石刻，汉，四川成都新津崖墓石函）

图 6–17 射虎图（拓片）（画像石，汉，重庆合川濮岩寺石室墓出土）

图 6–18 刺猿图（石刻，汉，四川成都新津崖墓石棺）

图 6–19 骑射图（石刻，汉，四川自贡富顺县）

图 6–20 拽虎图（石刻，汉，四川达州渠县蒲家湾无铭阙）

图 6–21 弓射图 –1（局部）（唐，西藏古格王宫红殿北壁壁画）

图 6–22 弓射图 –2（局部）（唐，西藏古格王宫红殿北壁壁画）

图 6–23 弓射图 –3（局部）（唐，西藏古格王宫红殿北壁壁画）

图 6–24 弓射图 –4（局部）（唐，西藏古格王宫红殿北壁壁画）

图 6–25 狩猎（石刻，南宋，贵州遵义红花岗区深溪镇杨粲墓出土）

图 6–26 狩猎（唐卡，现藏西藏拉萨市布达拉宫）

图 6–27 狩猎图（11 世纪，西藏阿里地区札达县东嘎寺壁画）

图 6–28 弓射图（局部）（元，西藏江孜县白居寺一层尊胜佛母殿壁画）

图 6–29 狩猎图（跪射）（14 世纪，西藏阿里地区扎达县托林寺壁画）

图 6–30 射术图（西藏阿里地区扎达县托林寺壁画）

图 6–31 佛像中带有弓箭的法器图（15 世纪，西藏阿里古格红殿壁画）

图 6–32 双架马车（局部）（云南省剑川县沙溪兴教寺壁画）

图 6–33　狩猎图（清，西藏拉萨布达拉宫壁画）

图 6–34　狩猎图（清，西藏拉萨小昭寺壁画）

图 6–35　狩猎图（唐卡，清，现藏四川博物院）

图 6–36　射靶、抱石、摔跤（清，西藏拉萨布达拉宫壁画）

图 6–37　骑射（河南洛阳唐墓出土，现藏河南洛阳市博物馆）

图 6–38　狩猎图（五彩瓷器桶瓶）（清，现藏重庆中国三峡博物馆）

图 6–39　弓射（四川三星堆出土，现藏四川成都三星堆博物馆）

图 6–40　力士图（石刻，汉，四川三台县郪江崖墓石）

图 6–41　力士图（局部）（宋，西藏托林寺佛本生画传壁画）

图 6–42　力士图（局部）（唐，西藏古格王宫壁画）

图 6–43　石武士像 –1（高 154 厘米，南宋，贵州省遵义市红花岗区深溪镇杨粲墓出土）

图 6–44　石武士像 –2（高 154 厘米，南宋，贵州省遵义市红花岗区深溪镇杨粲墓出土）

图 6–45　石武士像 –3（高 154 厘米，南宋，贵州省遵义市红花岗区深溪镇杨粲墓出土）

图 6–46　石武士像 –5（高 154 厘米，南宋，贵州省遵义市红花岗区深溪镇杨粲墓出土）

图 6–47　石武士像 –4（高 154 厘米，南宋，贵州省遵义市红花岗区深溪镇杨粲墓出土）

图 6–48　骑马仪仗俑（明，现藏四川成都博物馆）

图 6–49　骑马武士俑 –1（云南大理出土，明，现藏云南省大理市博物馆）

图 6–50　骑马武士俑 –2（云南大理出土，明，现藏云南省大理市博物馆）

图 6–51　力士图（云南省昆明市晋宁观音洞洞崖壁画）

图 6–52　陶俑（高 33 厘米，铁戟长 46.5 厘米，明，现藏四川博物院）

图 6–53　陶俑（高 34 厘米，铁戟长 49 厘米，明，现藏四川博物院）

图 6–54　陶俑（高 32 厘米，四川省成都市凤凰山逐月嫌墓出土，明，现藏四川博物院）

图 6–55　彩釉陶将军俑（四川成都潘家沟出土，明，现藏四川成都博物馆）

图 6–56　彩釉陶将军俑（四川成都龙泉驿区十陵镇出土，明，现藏四川成都博物馆）

图 6–57　彩釉陶将军俑（四川成都金沙庵出土，明，现藏四川成都博物馆）

图 6–58　彩釉陶武士俑（高 51 厘米，四川省成都市凤凰山朱悦墓出土，明，现藏中国社会科学院考古研究所）

图 6–59　彩釉陶将军俑（四川成都潘家沟

出土，明，现藏四川成都博物馆）

图 6–60　彩釉陶将军俑（四川成都龙泉驿区十陵镇出土，明，现藏成都博物馆）

图 6–61　骑马武士俑 –1（云南大理出土，明，现藏云南省大理市博物馆）

图 6–62　骑马武士俑 –2（云南大理出土，明，现藏云南省大理市博物馆）

图 6–63　骑马武士俑 –3（云南大理古城出土，明，现藏云南省大理市博物馆）

图 6–64　武士俑 –4（云南大理苍山李氏墓出土，明，现藏云南省大理市博物馆）

图 6–65　说唱俑（汉，现藏四川成都博物馆）

图 6–66　将军（高 45 厘米，宋，现藏四川成都博物馆）

图 6–67　武士俑（云南大理出土，明，现藏云南省大理市博物馆）

图 6–68　彩釉陶将军俑（四川龙泉驿十陵镇出土，明，现藏四川成都博物馆）

图 6–69　武术图（拓片）（画像砖，高 26.3 厘米，宽 43.8 厘米，东汉，现藏四川博物院）

图 6–70　猎首纹宝剑（长 28 厘米，云南江川李家墓出土，战国，现藏云南省博物馆）

图 6–71　习武图（拓片）（画像砖，高 24 厘米，宽 39 厘米，1985 年四川省德阳市柏隆乡出土，东汉，现藏四川博物院）

图 6–72　习武图（拓片）（画像砖，高 31 厘米，宽 23.7 厘米，东汉，现藏四川省彭山县文管所）

图 6–73　武士图（拓片）（画像砖，高 16.8 厘米，宽 30.7 厘米，六朝，现藏四川博物院）

图 6–74　习武图（拓片）（画像砖，高 31 厘米，宽 46 厘米，东汉，现藏四川省彭山县文管所）

图 6–75　对练图（11 世纪，西藏阿里古格壁画）

图 6–76　陶手搏俑（高 11 厘米，现藏四川成都体育学院博物馆）

图 6–77　对练图（11 世纪，西藏阿里古格壁画）

图 6–78　武术图（宋，西藏托林寺白殿南壁壁画）

图 6–79　《少林技击谱》（清，现藏四川博物院）

图 6–80　《少林技击谱》册 54 页（清，现藏四川博物院）

图 6–81　鎏金女骑士扣饰（青铜器，高 8.5 厘米，云南省昆明市晋宁县石寨山 6 号墓出土，西汉，现藏云南省博物馆）

图 6–82　战争场面贮贝器盖（铜，盖径 30 厘米，云南晋宁县石寨山出土，西汉，现藏云南省博物馆）

图 6–83　铜车马（全长 112 厘米，贵州兴义万屯汉墓出土，汉，现藏贵州省博物馆）

图 6–84　车马出行图（局部）（画像砖，四川成都羊子山 1 号墓出土，汉）

图 6–85　御车出行图（拓片）（画像砖，高 28 厘米，宽 47.5 厘米，1959 年四川省彭州

市太平乡出土，东汉，现藏四川博物院）

图 6-86　御车出行图（拓片）（画像砖，高 32 厘米，宽 29 厘米，1989 年四川省彭山县凤鸣乡出土，东汉，现藏四川省彭山县文管所）

图 6-87　御车出行图（拓片）（画像砖，高 41 厘米，宽 45.8 厘米，1955 年四川省成都市新都区新繁镇清白乡出土，东汉，现藏四川博物院）

图 6-88　御车出行图（拓片）（画像砖，高 38.5 厘米，宽 45.6 厘米，1954 年四川省成都市羊子山 1 号墓出土，东汉，现藏重庆市博物馆）

图 6-89　御车出行图（拓片）（画像砖，高 25.5 厘米，宽 40.7 厘米，1953 年四川省德阳市柏隆乡出土，东汉，现藏四川博物院）

图 6-90　御车出行图（拓片）（画像砖，高 41 厘米，宽 47.3 厘米，东汉，现藏四川博物院）

图 6-91　御车出行图（拓片）（画像砖，高 28.5 厘米，宽 48 厘米，1959 年四川省彭州市太平乡出土，东汉，现藏四川博物院）

图 6-92　御车出行图（拓片）（画像砖，高 33.7 厘米，宽 41.3 厘米，1978 年四川省成都市新都区马家乡出土，东汉，现藏四川博物院）

图 6-93　御车出行图（拓片）（画像砖，高 40 厘米，宽 45.5 厘米，1956 年四川省成都市跳蹬河出土，东汉，现藏四川博物院）

图 6-94　御车出行图（拓片）（画像砖，高 28 厘米，宽 48.5 厘米，1959 年四川省彭州市太平乡出土，东汉，现藏四川博物院）

图 6-95　御车出行图（拓片）（画像砖，高 39 厘米，宽 44.5 厘米，1972 年四川省大邑县安仁乡出土，东汉，现藏四川博物院）

图 6-96　御车出行图（拓片）（画像砖，高 26 厘米，宽 43.5 厘米，1984 年四川省广汉市东南乡出土，东汉，现藏四川省广汉市文化馆）

图 6-97　御车出行图（拓片）（画像砖，高 26 厘米，宽 45 厘米，1987 年四川省成都市新都区新民乡出土，东汉，现藏四川省彭山县文管所）

图 6-98　御车出行图（拓片）（画像砖，高 42.5 厘米，宽 46.5 厘米，1955 年四川省成都市新都区新繁镇清白乡 1 号墓出土，东汉，现藏四川博物院）

图 6-99　御车出行图（拓片）（画像砖，高 38.4 厘米，宽 53 厘米，1988 年四川成都大邑县董场出土，三国，现藏四川省大邑县文管所）

图 6-100　出行图（彩绘陶俑，明，现藏贵州省博物馆）

图 6-101　御车出行图（云南大理巍山县巍宝山文昌宫壁画）

图 6-102　彩釉陶侍从俑 -1（四川成都潘家沟出土，明，现藏四川成都博物馆）

图 6-103　彩釉陶侍从俑 -2（四川成都潘家沟出土，明，现藏四川成都博物馆）

图 6-104　彩釉陶侍从俑 -3（四川成都潘

家沟出土，明，现藏四川成都博物馆）

图 6–105　战争图 –1（清，现藏西藏拉萨大昭寺）

图 6–106　战争图 –2（清，现藏西藏拉萨大昭寺）

图 6–107　女子骑马图（石刻，清，现藏西藏博物馆）

图 6–108　奔跑图（拓片）（画像砖，高 25.4 厘米，宽 44 厘米，东汉，现藏四川博物院）

图 6–109　奔跑图（画像砖，高 25 厘米，宽 45 厘米，东汉，现藏四川博物院）

图 6–110　奔跑图（拓片）（画像砖，高 34.5 厘米，宽 55.6 厘米，东汉，现藏四川博物院）

图 6–111　奔跑图（拓片）（画像砖，高 24 厘米，宽 39.4 厘米，1953 年四川省德阳市柏隆乡出土，东汉，现藏四川博物院）

图 6–112　奔跑图（拓片）（西藏拉萨大昭寺壁画）

图 6–113　长跑图（15 世纪，西藏山南地区的扎囊县桑耶镇境内雅鲁藏布江北岸的哈布山下桑耶寺壁画）

图 6–114　征战图（清，西藏拉萨市布达拉宫壁画）

图 6–115　战争图（清，西藏拉萨市布达拉宫壁画）

图 6–116　武士红陶俑（高 100 厘米，东汉，现藏于四川乐山崖墓博物馆）

图 6–117　力士形象石座（四川成都金堂李家梁子汉墓出土，东汉，现藏四川成都博物馆）

图 6–118　举重图（吐蕃，西藏阿里东噶壁画窟壁画）

图 6–119　力士图（石雕，东汉，四川雅安姚桥高头墓前）

图 6–120　举重图（拓片）（宋，西藏东嘎石窟 1 号窟藻井壁画）

图 6–121　举重图（拓片）（宋，西藏托林寺白殿西壁壁画）

图 6–122　举重图（拓片）（宋，西藏东嘎石窟 1 号窟藻井壁画）

图 6–123　举重图（拓片）（宋，西藏东嘎石窟 1 号窟北壁壁画）

图 6–124　举重图（石刻，现藏重庆中国三峡博物馆）

图 6–125　托举石像（高 127 厘米，南宋，贵州遵义市红花岗区深溪镇杨粲墓出土）

图 6–126　力士图（承柱力士）（15 世纪，西藏阿里地区扎达县托林寺壁画）

图 6–127　力士图（宋，西藏阿里地区扎达县托林寺壁画）

图 6–128　石锁（清，现藏四川成都体育学院博物馆）

图 6–129　武功石（清，现藏四川成都体育学院博物馆）

图 6–130　百戏图（搬石竞赛）（清，西藏拉萨市布达拉宫壁画）

图 6–131　百戏图（搬石竞赛）（西藏拉萨市大昭寺壁画局部）

图 6-132　七名大力士举象、扔鹿（清，西藏拉萨市布达拉宫壁画）

图 6-133　背石（清，西藏拉萨市布达拉宫壁画）

图 6-134　百戏图（三枝灯俑）（青铜器，高 42 厘米，东汉，现藏云南省博物馆）

图 6-135　百戏图（画像砖，汉，四川成都羊子山）

图 6-136　倒立俑（汉，现藏四川成都体育学院博物馆）

图 6-137　百戏图（倒立陶俑）（清，现藏四川成都体育学院博物馆）

图 6-138　跳丸图（倒立）（石刻，四川宜宾白沙石棺）

图 6-139　四川宜宾长宁县七个洞崖墓石刻

图 6-140　杂技画像石（高 70 厘米，宽 190 厘米，东汉，现藏重庆市永川区文物管理所）

图 6-141　百戏图（丸剑）（拓片）（画像砖，高 38 厘米，宽 44.7 厘米，1972 年四川省大邑县安仁镇出土，东汉，现藏四川博物院）

图 6-142　百戏图（跳丸弄剑）（拓片）（画像砖，高 26 厘米，宽 44.5 厘米，东汉，现藏四川省广汉市文化馆）

图 6-143　跳丸图（石刻，汉，四川宜宾江安 3 号石棺）

图 6-144　掷剑图（石刻，汉，四川宜宾江安县）

图 6-145　跳丸图（石刻，汉，重庆璧山县 1 号石棺）

图 6-146　百戏图（七盘舞杂技）（画像砖，东汉，现藏四川博物院）

图 6-147　百戏图（画像砖，汉，现藏四川三星堆博物馆）

图 6-148　百戏图（拓片）（画像砖，高 26 厘米，宽 44.5 厘米，东汉，现藏四川省广汉市文管所）

图 6-149　百戏图（击壤图搏击）（拓片）（画像砖，高 25.3 厘米，宽 44.5 厘米，东汉，现藏四川省彭山县文管所）

图 6-150　角抵漫衍（水嬉）（画像石，汉，四川郫县）

图 6-151　百戏图（角抵戏东海黄公）（拓片）（画像石，1954 年四川羊子山西汉墓葬群出土）

图 6-152　百戏图（拓片）（画像砖，高 13.7 厘米，宽 41.3 厘米，1952 年四川省德阳市黄许镇出土，东汉，现藏重庆市博物馆）

图 6-153　百戏图（立人铜灯）（重庆奉节永安镇遗址出土，汉，现藏重庆中国三峡博物馆）

图 6-154　戏鹿图（画像砖，汉，四川成都新区）

图 6-155　盘舞杂技（画像砖，高 22.3 厘米，宽 32 厘米，东汉，现藏四川省广汉市文化馆）

图 6-156　百戏图（说唱俑—击鼓式）（陶器，通高 66.5 厘米，1963 年四川郫县宋家林砖室墓出土，东汉，现藏四川博物院）

图 6-157 俳优陶俑（说唱俑—站立式）（现藏四川成都博物馆，俳优俑憨态可掬，呈开怀大笑状，表情幽默、传神）

图 6-158 百戏图（说唱俑—击鼓式）（陶器，通高 66.5 厘米，1963 年四川省郫县宋家林砖室墓出土，东汉，现藏四川博物院）

图 6-159 百戏图（说唱俑—击鼓式）（陶器，通高 66.5 厘米，1963 年四川郫县宋家林砖室墓出土，东汉，现藏四川博物院）

图 6-160 百戏图（童子对棍）（漆盘，安徽马鞍山朱然墓出土。童子对棍图漆盘外底有铭文“蜀郡作牢”四字，表明它是当时蜀郡的产品）

图 6-161 百戏图（说唱俑—弹奏式）（陶器，通高 66.5 厘米，1963 年四川郫县宋家林砖室墓出土，东汉，现藏四川博物院）

图 6-162 倒立图 -1（吐蕃，西藏阿里东噶寺壁画窟壁画）

图 6-163 倒立图 -2（吐蕃，西藏阿里东噶寺壁画窟壁画）

图 6-164 倒立图 -3（吐蕃，西藏阿里东嘎寺壁画窟壁画）

图 6-165 倒立图 -4（局部）（宋，西藏东嘎石窟 1 号窟北壁壁画）

图 6-166 百戏图（倒立）（10 世纪，西藏阿里古格王宫遗址天顶壁画）

图 6-167 体前屈（局部）（宋，西藏东嘎石窟 1 号窟壁画）

图 6-168 百戏图（舞狮）（局部）（7 世纪，西藏拉萨市大昭寺西壁壁画）

图 6-169 骑士青花瓷瓶（高 37.4 厘米，口径 5.4 厘米，足径 11.5 厘米，盖口径 10.1 厘米，明，现藏四川成都博物馆）

图 6-170 百戏图（西藏古格王朝红殿壁画中的舞狮场景）

图 6-171 说唱图（清，西藏拉萨大昭寺壁画）

图 6-172 仿勾龙爽尧民击壤图（清，现藏四川博物院）

图 6-173 百戏图（橦技）（11 世纪，西藏阿里古格壁画）

图 6-174 胡人相扑俑 -1（砖雕，宋，现藏四川成都体育学院博物馆）

图 6-175 胡人相扑俑 -2（砖雕，宋，现藏四川成都体育学院博物馆）

图 6-176 胡人相扑俑 -3（砖雕，宋，现藏四川成都体育学院博物馆）

图 6-177 胡人相扑俑 -4（砖雕，宋，现藏四川成都体育学院博物馆）

图 6-178 角抵俑（汉，现藏四川成都体育学院博物馆）

图 6-179 百戏图（小儿相抱）（瓷玩具，高 6.4 厘米，1953 年四川省邛崃市邛窑遗址出土，宋，现藏四川博物院）

图 6-180 摔跤图（局部）（7 世纪，西藏拉萨市大昭寺西壁壁画）

图 6-181 摔跤图（8 世纪，现藏西藏扎囊县桑耶镇桑耶寺壁画）

图 6-182 摔跤图（局部）（宋，西藏东嘎石窟 1 号窟东壁壁画）

图 6–183　摔跤图（局部）（清，西藏拉萨布达拉宫壁画）

图 6–184　摔跤、骑马（清，现藏西藏桑耶寺）

图 6–185　摔跤图（唐卡，现藏台湾省台北故宫博物院）

图 6–186　蹴鞠图（童子抱鞠）（彩绘俑，高 30.2 厘米，宋，现藏四川成都体育学院博物馆。呈坐地裸头，身着圆领宽袖罗衫，左脚着靴，右脚光脚，双手抱鞠）

图 6–187　蹴鞠图（椭圆形枕）（磁州窑，白底黑彩，长 31 厘米，宽 21 厘米，高 10 厘米，金，现藏四川成都体育学院博物馆）

图 6–188　顾洛君臣蹴鞠图轴（清，现藏四川博物院。宋太祖赵匡胤、宋太宗赵光义与大臣赵普、郑恩、楚昭辅、石守信六人踢球场景）

图 6–189　玻璃珠（直径 2 厘米，战国，现藏重庆中国三峡博物馆）

图 6–190　彩色琉璃珠（战国，现藏重庆中国三峡博物馆）

图 6–191　瘿木捶丸（宋，现藏四川成都体育学院博物馆）

图 6–192　蹴鞠（绞胎捶丸球）（直径约 5 厘米，黑白两色，宋，现藏四川成都体育学院博物馆）

图 6–193　捶丸（陶珠）（四川眉山三苏祠出土，宋，现藏四川省文物考古研究院）

图 6–194　陶捶丸 –1（直径 2.9 厘米，1975 年四川省邛崃市邛窑遗址出土，宋，现藏四川博物院）

图 6–195　陶捶丸 –2（直径 3.1 厘米，1975 年四川省邛崃市邛窑遗址出土，宋，现藏四川博物院）

图 6–196　陶捶丸 –3（直径 3.3 厘米，1975 年四川省邛崃市邛窑遗址出土，宋，现藏四川博物院）

图 6–197　陶捶丸 –4（直径 4.2 厘米，宋，现藏四川博物院）

图 6–198　陶捶丸 –5（直径 1.8 厘米，1975 年四川省邛崃市邛窑遗址出土，宋，现藏四川博物院）

图 6–199　打马球图（汉砖，四川成都平原地区出土）

图 6–200　仕女打马球俑 –1（唐，现藏四川成都体育学院博物馆）

图 6–201　仕女打马球俑 –2（唐，现藏四川成都体育学院博物馆）

图 6–202　游泳赛图（壁画，宋，西藏阿里地区扎达县托林寺）

图 6–203　游泳图（壁画，10 世纪，现藏西藏阿里地区扎达县托林寺）

图 6–204　游泳射箭图（14 世纪，西藏夏鲁寺壁画）

图 6–205　游泳图（局部）（清，西藏拉萨市布达拉宫壁画）

图 6–206　竞渡图（广南羽人船纹鼓）（青铜器，高 46 厘米，1919 年云南省文山壮族苗族自治州广南县阿章寨出土，西汉，现藏云南省博物馆）

图 6-207　竞渡图（局部）（广南羽人船纹鼓）（青铜器，高 46 厘米，1919 年云南省文山壮族苗族自治州广南县阿章寨出土，西汉，现藏云南省博物馆）

图 6-208　渡海图（四川德阳汉画像砖）

图 6-209　放筏图（四川新都汉画像砖）

图 6-210　游戏船图（铜鼓雕刻，云南晋宁石寨山出土）

图 6-211　龙舟竞渡图（无款洛神轻舟图轴，纵 271 厘米，横 94.8 厘米，绢本，南宋，现藏贵州省博物馆）

图 6-212　操舟图（清，西藏拉萨市布达拉宫壁画）

图 6-213　吏史图（二人）（画像砖，高 25 厘米，宽 44.3 厘米，1984 年四川省广汉市新东南乡出土，东汉，现藏四川省广汉市文化馆）

图 6-214　吏史图（二人）（画像砖，高 33.5 厘米，宽 41.2 厘米，1978 年四川省成都市新都区马家乡出土，东汉，现藏四川博物院）

图 6-215　吏史图（三人）（画像砖，高 28.2 厘米，宽 48 厘米，1959 年四川省彭州市太平乡出土，东汉，现藏四川博物院）

图 6-216　吏史图（四人）（画像砖，高 24 厘米，宽 39.1 厘米，1953 年四川省德阳市柏隆乡出土，东汉，现藏四川博物院）

图 6-217　吏史图（三人）（画像砖，高 33.5 厘米，宽 42 厘米，1978 年四川省成都市新都区马家乡出土，东汉，现藏四川博物院）

图 6-218　吏史图（四骑吏手持棨戟）（拓片）（画像砖，高 41 厘米，宽 49 厘米，1954 年四川省成都市羊子山 1 号墓出土，东汉，现藏重庆博物馆）

图 6-219　吏史图（四人）（画像砖，高 40 厘米，宽 46 厘米，1972 年四川省大邑县安仁乡出土，东汉，现藏四川博物院）

图 6-220　凯旋图（局部）（云南大理巍山县巍宝山长春洞石屏罗色庙壁画）

图 6-221　出师图（7 世纪，云南大理巍山县巍宝山长春洞石屏罗色庙壁画）

图 6-222　骑士铜扣饰（长 10 厘米，宽 9.5 厘米，西汉，现藏云南省博物馆）

图 6-223　赛马图（局部）（7 世纪，西藏拉萨市大昭寺西壁壁画）

图 6-224　赛马图（8 世纪，西藏扎囊县桑耶镇桑耶寺壁画）

图 6-225　出行图（清，云南巍山魏宝山长春洞道观壁画）

图 6-226　赛马图（清，现藏四川博物院）

图 6-227　赛马图（局部）（清，现藏四川博物院）

图 6-228　马术（清，西藏拉萨市布达拉宫壁画）

图 6-229　射箭、赛马（清，西藏拉萨市布达拉宫壁画）

图 6-230　镶石舞人圆形铜扣饰（直径 7.1 厘米，云南省江川县龙街镇温泉村李家山 24 号墓出土，战国；扣饰正中嵌玛瑙珠及绿松石小珠，其外透雕人像共 18 人）

图 6-231　圆形鸟喙舞蹈人纹铜扣饰（直径 15.5 厘米，西汉，现藏云南省博物馆）

图 6-232　四舞铜鼓俑（通高 26 厘米，俑高 13 厘米，面径 20.5 厘米，云南省江川县龙街镇温泉村李家山出土，现藏李家山青铜博物馆）

图 6-233　鎏金双人盘舞铜扣饰（高 12 厘米，宽 18.5 厘米，云南省昆明市晋宁县石寨山 13 号墓出土）

图 6-234　四人铃舞鎏金铜扣饰（高 11.4 厘米，宽 14 厘米，四人横排站立作舞蹈状，云南省昆明市晋宁县石寨山 13 号墓出土）

图 6-235　鎏金八人乐舞扣饰（高 9.5 厘米，宽 13 厘米，云南省昆明市晋宁县石寨山 13 号墓出土；呈长形，鎏金，其背面有一矩齿扣，正面反映饮乐歌舞的情景）

图 6-236　四人乐舞（铜俑，高 9 厘米，云南省昆明市晋宁县石寨山 17 号墓出土）

图 6-237　嵌错宴乐攻战纹铜壶（口径 13.2 厘米，高 40.3 厘米，第一层习射和采桑，第二层宴乐战舞，1965 年四川省成都市百花潭中学 10 号墓出土，战国）

图 6-238　羽人舞锥形铜器盖（直径 54 厘米，现藏云南省博物馆）

图 6-239　乐舞图（女陶俑，高 12.5 厘米，1972 年贵州省毕节市黔西罗布夸 12 号东汉墓出土，现藏贵州省博物馆）

图 6-240　抚琴男俑（高 26.7 厘米，四川彭山砦子山墓出土，东汉，现藏江苏南京博物院）

图 6-241　抚琴图（石刻，汉，现藏重庆中国三峡博物馆）

图 6-242　说唱俑（汉，现藏四川成都博物馆）

图 6-243　吹笛陶俑（成都市六一一所汉墓出土，汉代，现藏四川成都博物馆）

图 6-244　击鼓陶俑（高 56.3 厘米，四川成都天回山 3 号崖墓出土，东汉，现藏四川博物院）

图 6-245　吹奏陶俑（汉，现藏四川成都博物馆）

图 6-246　抚琴图（石刻，贵州黔西出土，宋，现藏贵州省博物馆）

图 6-247　乐舞图（彩绘贴金石雕乐伎）（框高 30 厘米，前蜀，四川省成都市王建永陵出土）

图 6-248　乐舞图（画像砖，高 7.8 厘米，宽 24 厘米，东汉，现藏四川省广汉市文化馆）

图 6-249　乐舞图（画像砖，高 30.5 厘米，宽 46 厘米，东汉，现藏四川省彭山县文管所）

图 6-250　乐舞图（吹竽）（拓片）(画像砖，高 24.6 厘米，宽 29.5 厘米，四川省成都市郊出土，东汉，现藏四川博物院）

图 6-251　乐舞图（吹竽）（拓片）（画像砖，高 24.6 厘米，宽 29.5 厘米，四川省成都市郊出土，东汉，现藏四川博物院）

图 6-252　乐舞图（拓片）（画像砖，高 17.2 厘米，宽 31.2 厘米，东汉，现藏四川博物院）

图 6–253 乐舞图（画像砖，高 49 厘米，宽 27.5 厘米，东汉，现藏四川省成都市新都区文管所）

图 6–254 杂技图（巴人舞）（重庆璧山县汉画像石）

图 6–255 乐舞图（骑吹）（画像砖，汉，四川成都新都区）

图 6–256 剑舞（拓片）（画像石，重庆合川濮岩寺石室墓出土，汉）

图 6–257 乐舞图（泥质红陶俑，长 30.5 厘米，宽 19.7 厘米，高 53.8 厘米，1990 年四川绵阳市城郊乡何家山 2 号崖墓出土，东汉，现藏四川绵阳博物馆）

图 6–258 舞乐图（模制浅浮雕）（画像砖，长 48.4 厘米，宽 28.7 厘米，1956 年四川省彭州市太平乡出土，东汉，现藏四川博物院）

图 6–259 乐舞图（裸舞）（西藏古格王国曼陀罗殿壁画）

图 6–260 乐舞图（裸舞）（西藏古格王国曼陀罗殿壁画）

图 6–261 乐舞图（蛇女）（西藏古格王国曼陀罗殿壁画）

图 6–262 乐舞图（西藏古格王国曼陀罗殿壁画）

图 6–263 乐舞图（吐蕃，西藏扎囊县桑耶镇桑耶寺壁画）

图 6–264 舞蹈图（吐蕃，西藏扎囊县桑耶镇桑耶寺壁画）

图 6–265 乐舞图（胡人男舞）（彩绘陶俑，四川省成都市龙泉驿区赵廷隐墓出土，后蜀，现藏四川成都博物馆）

图 6–266 乐舞图（男舞）（彩绘陶俑，四川省成都市龙泉驿区赵廷隐墓出土，后蜀，现藏四川成都博物馆）

图 6–267 吹奏俑武士俑（云南大理苍山李氏墓出土，明，现藏云南大理市博物馆）

图 6–268 吹奏武士俑（云南大理苍山李氏墓出土，明，现藏云南省大理市博物馆）

图 6–269 击鼓俑（云南大理出土，明，现藏云南省博物馆）

图 6–270 乐舞图（拓枝舞）（彩绘陶俑，四川成都龙泉驿赵廷隐墓出土，后蜀，现藏四川成都博物馆）

图 6–271 击鼓彩绘陶俑（后蜀，四川成都龙泉驿赵延隐墓出土，现藏四川成都博物馆）

图 6–272 吹笙彩绘陶俑（四川成都龙泉驿赵延隐墓出土，后蜀，现藏四川成都博物馆）

图 6–273 吹笛彩绘陶男俑（四川成都龙泉驿赵延隐墓出土，后蜀，现藏四川成都博物馆）

图 6–274 吹笛彩绘陶俑（四川成都龙泉驿赵延隐墓出土，后蜀，现藏四川成都博物馆）

图 6–275 吹排箫彩绘陶俑（四川成都龙泉驿赵延隐墓出土，后蜀，现藏四川成都博物馆）

图 6–276 琵琶彩绘陶俑（四川成都龙泉

驿赵延隐墓出土，后蜀，现藏四川成都博物馆）

图 6–277　吹筚篥彩绘陶俑（四川成都龙泉驿赵延隐墓出土，后蜀，现藏四川成都博物馆）

图 6–278　乐舞图（彩绘贴金石雕舞伎）（框高 30 厘米，四川成都王建永陵出土，前蜀）

图 6–279　乐舞图（彩绘贴金石雕乐伎）（框高30 厘米，四川成都王建永陵出土，前蜀）

图 6–280　唐人宫乐图（现藏台湾省台北故宫博物院，四人组合即吹箫仕女及伴奏，古筝、琵琶、筚篥，行酒令二人组，品茗三人组）

图 6–281　乐舞图（8 世纪，西藏扎囊县桑耶镇桑耶寺壁画）

图 6–282　百花女神（云南沧源广允缅寺壁画局部）

图 6–283　乐舞（婴戏玉坠）（高 5.5 厘米，宽 4.9 厘米，1981 年四川广汉和兴联合七社宋代窖藏出土，宋，现藏四川三星堆博物馆）

图 6–284　乐舞图 –1（宋，西藏阿里地区扎达县托林寺壁画）

图 6–285　乐舞图 –2（宋，西藏阿里地区扎达县托林寺壁画）

图 6–286　乐舞图 –1（10 世纪，西藏阿里地区扎达县托林寺十六金刚舞女壁画）

图 6–287　乐舞图 –2（10 世纪，西藏阿里地区扎达县托林寺十六金刚舞女壁画）

图 6–288　乐舞图 –3（宋，西藏阿里地区扎达县托林寺壁画）

图 6–289　乐舞图 –4（宋，西藏阿里地区扎达县托林寺壁画）

图 6–290　乐舞图 –5（10 世纪，西藏阿里地区扎达县托林寺壁画）

图 6–291　乐舞图 –6（宋，西藏阿里地区扎达县托林寺壁画）

图 6–292　乐舞图（宋，西藏夏鲁寺壁画）

图 6–293　飞天 –1（宋，西藏东嘎石窟 2 号窟北壁壁画）

图 6–294　飞天 –2（宋，西藏东嘎石窟 2 号窟北壁壁画）

图 6–295　乐舞图(宋，西藏托林寺都康大殿东壁壁画局部)

图 6–296　舞剑图（《帕木竹巴像》布画唐卡，长 133 厘米，宽 116 厘米，宋，现藏西藏山南桑日县江乡日岗村丹萨替寺）

图 6–297　乐舞图（14 世纪，西藏日喀则市夏鲁寺壁画）

图 6–298　乐舞图（石像，贵州省遵义市红花岗区深溪镇杨粲墓出土，南宋）

图 6–299　乐舞图（局部）（元，西藏白居寺一层净土殿壁画）

图 6–300　乐舞图（明，云南省丽江市白沙大宝积宫壁画）

图 6–301　乐舞图（明，四川省甘孜藏族自治州色达县东嘎寺壁画）

图 6–302　仪仗釉陶俑（高 32 厘米，四川成都凤凰山朱悦墓出土，明，现藏中国社会科学院考古研究所）

图 6–304　乐舞图（舞仙）(15 世纪，西藏日喀则市江孜县白居寺壁画）

图 6–305　乐舞图（15 世纪，西藏日喀则市江孜县白居寺壁画）

图 6–306　舞图（17 世纪，西藏拉萨市布达拉宫壁画）

图 6–307　乐舞图（清，现藏西藏拉萨市布达拉宫壁画）

图 6–308　乐舞图（清，西藏拉萨市布达拉宫壁画）

图 6–309　乐舞图（敬佛）(南传上座部佛教壁画，清，云南沧源广允缅寺）

图 6–310　舞人（17 世纪，西藏拉萨市布达拉宫壁画）

图 6–311　乐舞图（舞女）(南传上座部佛教壁画，清，云南沧源广允缅寺）

图 6–312　乐舞图（三弦舞）(藏传佛教壁画，祥云水目山水目寺塔，民国；藏传佛教有很多节日，藏民们载歌载舞参与欢庆，画中的藏族姑娘身穿藏袍，斜袒右肩，穿藏靴，弹着三弦情，正在跳舞，姿态生动，神情专注。那双抚琴和拨弦的手，尤其美妙传神，栩栩如生）

图 6–313　乐舞图（西藏唐卡，现藏美国鲁宾艺术博物馆）

图 6–314　乐舞图（唐卡，清，现藏西藏博物馆）

图 6–315　出安居图（壁画，民国，云南祥云水目山水目寺塔）

图 6–316　围棋子（围棋罐，汉，现藏四川成都体育学院博物馆）

图 6–317　六博陶俑（棋盘长 15 厘米，宽 11 厘米，厚 0.8 厘米，下棋人左高 10 厘米，底通径 8 厘米，右高 10 厘米，底通径 9 厘米，观棋人高 10 厘米，汉，现藏四川成都体育学院博物馆）

图 6–318　六博图（画像砖，高 25.5 厘米，宽 45 厘米，东汉，现藏四川博物院）

图 6–319　六博图（画像砖，高 2.8 厘米，宽 24.6 厘米，东汉，现藏四川博物院）

图 6–320　六博图（画像砖，高 9 厘米，宽 26.5 厘米，东汉，现藏四川省广汉市文管所）

图 6–321　六博图（拓片）(画像砖，高 37 厘米，宽 46.6 厘米，四川新津县出土，东汉，现藏四川博物院）

图 6–322　六博图（拓片）(画像砖，高 6.8 厘米，宽 25.2 厘米，东汉，现藏四川博物院）

图 6–323　六博砖（高 39 厘米，宽 46.5 厘米，1975 年四川省成都市土桥乡出土，东汉，现藏四川成都博物馆）

图 6–324　六博图（画像砖，高 32 厘米，宽 39 厘米，1989 年四川省彭山县凤鸣乡出土，东汉，现藏四川博物院）

图 6–325　魏晋俥字象（棋子直径 2.9 厘米，厚 1.3 厘米，东汉，现藏重庆中国三峡博物馆；这枚棋这是我国目前出土的最早的象棋实物，对三峡地区老棺丘墓群东汉合葬墓进行发掘时，在墓道中发现了一枚陶制象棋棋子，这枚上面用阴文刻有“车”字样）

图 6-326 仙人六博图（画像石，汉，四川彭山县）

图 6-327 六博图（画像砖，高 38 厘米，宽 52.5 厘米，1988 年四川大邑县董场乡出土，魏，现藏四川博物院）

图 6-328 象棋子（铜制，直径 1.9—2 厘米，宋，现藏四川成都博物馆）

图 6-329 青铜象棋子（四川成都华阳出土，宋,现藏四川成都博物馆）

图 6-330 龙泉瓷骰（瓷器，长 2.5 厘米，宽 2.5 厘米，现藏中国重庆三峡博物馆）

图 6-331 龙泉豆青釉棋子瓷罐（高 9.1 厘米，口径 9.5 厘米，地径 8.3 厘米，元，现藏四川博物院）

图 6-332 围棋子（围棋罐 身长 12 厘米，肩宽 17 厘米，棋子直径 1.5 厘米，现藏四川博物院）

图 6-333 棋盘图（吐蕃，西藏阿里东噶寺壁画窟壁画）

图 6-334 象棋子（瓷制，明，现藏四川成都体育学院博物馆）

图 6-335 青花弈棋罐（高 47.8 厘米，口径 21.8 厘米，足径 22.6 厘米，明，现藏四川成都博物馆）

图 6-336 青花对弈人物瓷香炉（高 6.3 厘米，口径 9.3 厘米，底径 9 厘米，明，现藏中国重庆三峡博物馆）

图 6-337 博弈图（象牙雕醉酒对弈围棋土笔筒）（口径 10 厘米，底径 10 厘米，高 12.9 厘米，清，现藏四川博物院）

图 6-338 博弈图（冷牧，纸本设色，清，现藏四川博物院）

图 6-339 麻将、掷骰子图（壁画，清，现藏西藏拉萨市布达拉宫）

图 6-340 陶陀螺（高 8 厘米，直径 6.5 厘米，1956 年四川省邛崃市邛窑遗址出土，宋，现藏四川博物院）

图 6-341 陀螺（灰陶骰子）（长 3.2 厘米，直径 1.8 厘米，四川省什邡市元石镇城西村的一个汉代遗址中出土；中间 6 个面，分别刻有 1–6 个小圆窝）

图 6-342 僰人钓鱼图（四川宜宾珙县岩画）

图 6-343 垂钓图（四川乐山汉画像砖）

图 6-344 斗鸡图（绘画，唐）

图 6-345 射柳图（绘画，辽）

图 6-346 树下踏歌图（清，云南大理彝族巍山壁画）

图 6-347 养生图（百工祖师图局部）（云南省剑川县沙溪寺登镇鳌峰山阳坡兴教寺壁画）

图 6-348 养生图（“参毗”陈列图）（东汉，云南省昆明市官渡云山村墓室壁画）

图 6-349 阿閦佛金坐像（纯金铸造像，高 8.5 厘米，重 120 克，1978 年出土于云南大理崇圣寺主塔，大理国时期，现藏云南省博物馆）

图 6-350 禅定图（铜像，清，现藏西藏博物馆）

图 6-351 养生图（清，云南巍山魏宝山

长春洞道观藻井外围东南角壁画）

图 6-352　鎏金铁质老子练功坐像（清，现藏四川成都体育学院博物馆）

图 6-353　养生图（清，云南巍山魏宝山长春洞道观壁画）

图 6-354　养生图（清，云南沧源佤族木板壁画）

图 6-355　养生壁画（西藏拉萨西郊罗布林卡）

参考文献

[1] [汉] 应劭. 风俗通义 [M]. 上海：上海古籍出版社，1990.

[2] [汉] 班固. 汉书 [M]. 北京：中华书局，1962.

[3] [东汉] 王充撰. 陈蒲清点校. 论衡 [M]. 长沙：岳麓书社，2006.

[4] [南朝] 宗懔撰，宋金龙校注. 荆楚岁时记 [M]. 武汉：湖北人民出版社，1985.

[5] [唐] 杜佑. 通典 [M]. 杭州：浙江古籍出版社，1988.

[6] [宋] 李昉. 太平广记 [M]. 长沙：岳麓书社，1996.

[7] [唐] 杜佑. 通典 [M]. 浙江古籍出版社，1988 年版.

[8] [元] 脱脱等. 宋史 [M]. 北京：中华书局，1977 年版.

[9] [元] 陶宗仪. 南村辍耕录 [M]. 沈阳：辽宁教育出版社，1998.

[10] [明] 刘侗，于奕正. 帝京景物略 [M]. 北京：北京古籍出版社，1980.

[11] [明] 钱古川，百夷传校注 [M]. 昆明：云南人民出版社，1980.

[12] [明] 陆启法. 北京岁华记 [M]. 手抄本，上海图书馆藏.

[13] [清] 彭定求. 全唐诗 [M]. 上海：上海古籍出版社，1986.

[14] 唐圭璋. 全宋词 [M]. 北京：中华书局，1965.

[15] 李斌城，李锦绣，张泽咸，等. 隋唐五代社会生活史 [M]. 北京：中国社会科学出版社，1998.

[16] 向达. 唐代长安与西域文明 [M]. 北京：北京三联书店，1957 年版.

[17] 邵文良. 中国古代体育文物图集

[M]. 北京：人民体育出版社，1986.

[18] 索南航旦. 世界文化遗产布达拉宫[M]. 拉萨：西藏人民出版社，2018.

[19] 西藏瑰宝编委会. 西藏瑰宝 [M]. 北京：朝华出版社，2015.

[20] 谢斌，王谦，何鸿. 东嘎石窟壁画[M]. 杭州：浙江摄影出版社，2019.

[21] 谢斌，王谦，何鸿. 白居寺壁画[M]. 杭州：浙江摄影出版社，2019.

[22] 谢斌，王谦，何鸿. 古格王宫壁画·科迦寺壁画 [M]. 杭州：浙江摄影出版社，2019.

[23] 谢斌，王谦，何鸿. 扎塘寺壁画[M]. 杭州：浙江摄影出版社，2019.

[24] 谢斌，王谦，何鸿. 夏鲁寺窟壁画[M]. 杭州：浙江摄影出版社，2019.

[25] 谢斌，王谦，何鸿. 托林寺窟壁画[M]. 杭州：浙江摄影出版社，2019.

[26] 西藏自治区文物管理委员会编. 西藏文物精粹 [M]. 北京：紫禁城出版社，1992.

[27] 布赖恩·费根. 考古学入门 [M]. 钱益汇，朱雪峰，邓晨钰译. 北京：北京联合出版公司，2018.

[28] 林春，郑志刚. 体育文物与考古学[M] . 兰州：甘肃教育出版社，2016.

[29] 蔡丰明. 游戏史[M]. 上海：上海文艺出版社，1997 年版.

[30] 贾雪枫. 石刻遗韵——合江宋墓石刻研究 [M]. 成都：西南交通大学出版社，2018.

[31] 孙麒麟，毛丽娟，李重申. 中国古代体育图录 [M]. 兰州：甘肃教育出版社，2015.

[32] 孙麒麟，毛丽娟，李重申. 从长安到雅典——丝绸之路古代体育文化 [M]. 兰州：甘肃教育出版社，2017.

[33] 崔乐泉. 中国古代体育图录 [M]. 北京：中华书局，2004 年版.

[34] 盛建武. 四川博物院 [M]. 北京：文物出版社，2010.

[35] 幸军. 巴蜀珍藏 [M]. 重庆：西南师范大学出版社，2019.

[36] 金维诺. 中国美术全集——墓葬及其他雕塑 [M]. 重庆：时代出版传媒股份有限公司，2010.

[37] 贵州省博物馆，贵州省文化厅. 贵州文物精华 [M]. 贵阳：贵州人民出版社，2006.

[38] 崔乐泉. 中国体育通史 [M]. 北京：人民体育出版社，2008.

[39] 谷世权. 中国体育史 [M]. 北京：北京体育大学出版社，1997 年版.

[40] 秦立凯. 汉代西南体育文化区研究[M]. 合肥：中国科学技术大学出版社，2015.

[41] 盖山林. 中国岩画学书目 [M]. 北京：文献出版社，1995.

[42] 王良范. 中国岩画：贵州 [M]. 北京：中国国际广播出版社，2010.

[43] 常任侠. 中国舞蹈史话 [M]. 上海：

上海文艺出版社，1983.
[44] 蒋英炬. 汉代画像石与画像砖[M]. 北京：文物出版社，2001.
[45] 刘朴. 画像石中的体育活动研究[M]. 北京：人民出版社，2001.
[46] 天津博物馆. 动境 [M]. 北京：科学出版社，2017.
[47] 陈兆复. 古代岩画 [M]. 北京：文物出版社，2002 年版.
[48] 兰州理工大学丝绸之路文化研究所. 丝绸之路体育文化论集 [M]. 北京：中华书局，2005.
[49] 许慎. 说文解字 [M]. 北京：中华书局，2000.
[50] 于文杰. 艺术发生学 [M]. 上海：上海人民出版社，1995.
[51] 钟敬文. 民俗学概论 [M]. 上海：上海文艺出版社，1998.
[52] 吴玉贵. 中国风俗通史·隋唐五代卷[M]. 上海：上海文艺出版社，2001.
[53] 于左. 玩在唐朝 [M]. 北京：中华书局，2008.
[54] 于左. 玩在宋朝 [M]. 北京：商务印刷馆，2012.
[55] 王永平. 游戏、竞技与娱乐 [M]. 北京：中华书局，2010.
[56] 王文宝. 中国民间游戏 [M]. 北京：华龄出版社，2010.
[57] 刘青弋. 中国舞蹈通史 [M]. 上海：上海音乐出版社，2012.
[58] 王定璋. 中国民间游戏赌博习俗[M]. 成都：四川人民出版社，2003 年版.
[59] 郑有国. 中国简牍学综论 [M]. 上海：华东师范大学出版社，1989 年版.
[60] 王炳华. 丝绸之路考古研究 [M]. 乌鲁木齐：新疆人民出版社，1993 年版.
[61] 王宏凯. 中国古代游艺 [M]. 北京：人民教育出版社，1995 年版.
[62] 袁广阔、罗伊. 从考古发现看中原与西南地区早期文化的关系 [M]. 北京：社会科学文献出版社，2014.

后　记

本研究主要从西南地区所遗存的古代体育文物的角度，重点叙述了古代体育文物的特征，并进行了分类讨论和研究。

本卷经历了考察、调查、搜集资料、撰写文稿等五年有余的时间苦战，终于完成了全稿，作为主编的我在如释重负的同时，也多了一丝的焦虑：不知本卷能否准确、全面地表达出西南地区古代体育文物的神韵，能否给广大读者和学者带来阅读愉悦呢？

多年来，我和课题组成员李重申、李小惠、张有、白洁等老师多次奔赴云南、贵州、四川、重庆、西藏等地区进行实地考察、调查，并搜集了近千幅有关体育文物的资料。本研究不仅磨去了我们大量的时间与精力，而且也深深感受到体育文物寻求之不易。

把体育文物与考古学、人类学、社会学、历史学等结合起来研究，对我们来说，既是一种尝试，更是一种挑战。把多门学科打通起来研究，实不无力不从心之感，再加上研究的重点落实到体育史学从中心到边缘、从局部到整体的转型上，这就对知识的储备提出了更高的要求。古与今、真与伪、雅与俗，应聚于一身，方能得心应手。因而呈现在诸君面前的《西南卷》凝聚了我们多年来夜以继日地读书和研究，是殚精竭虑思索心血的小小成果，存在着诸多不足也就不言而喻了。

本研究得到了毛丽娟总主编的大力支持，并对一些学术思路、观点直接给予了点拨的同时，也针对行文的疏漏不当之处，提出了不少宝贵意见。在此谨表衷心的感谢！

我们也难忘甘肃教育出版社孙宝岩副总编辑、版面设计周佩玲老师，以及责任编辑董宏强先生为本书的出版付出了辛苦的劳动，他们孜孜不倦、认真负责的敬业精神给我们留下了深刻的印象。

拙著尚有许多疏漏不当之处，恳请广大读者给予批评指正。我们也殷切希望此书的面世，能够对传播中国优秀体育文化有所贡献！

林　春

二〇二一年元月